Dominique ABRY

Maître de conférences
Centre universitaire
d'études françaises
Université Stendhal,
Grenoble III

GW00689598

La grammaire des premiers temps

VOLUME 2

Transcription de la cassette
Corrigé des exercices

Presses Universitaires de Grenoble

1999

Catalogage Electre-Bibliographie

Chalaron, Marie-Laure*Abry, Dominique
La grammaire des premiers temps niveau 2 : corrigé. –
Saint-Martin-d'Hères (Isère) : PUG, 1999. – (Français langue
étrangère et maternelle)
ISBN 2-7061-0870-3

RAMEAU :	français (langue) : grammaire : manuels pour allophones
DEWEY :	374.5 : Formation des adultes. Méthodes d'expression écrite et orale
Public concerné :	Perfectionnement

Réalisation : Roxane Casaviva – Paris

© **Presses Universitaires de Grenoble**, 1999
BP 47 – 38040 GRENOBLE CEDEX
Tél : 04 76 82 56 51
Fax : 04 73 82 78 35
E-mail : pug@upmf-grenoble.fr

ISBN 2-7061-0870-3

CHAPITRE 1

Révision

• Autour de l'église, une place ronde • Sur la place, des arbres, des bancs et une cabine téléphonique • Entourant la place, une rue bordée de maisons et de quelques commerces : une banque, une boulangerie-pâtisserie, un salon de coiffure, un bureau de tabac, une épicerie, un café-restaurant, un bureau de poste, une pharmacie, un magasin de souvenirs et la maison du curé (le presbytère).

• Un touriste rentre dans l'église • Le curé du village sort de l'église et se dirige vers le presbytère • Un homme en noir sort du presbytère et les deux hommes s'installent à la terrasse du café. Le patron du café vient les servir • Un enfant sort du café et court jusqu'à la boulangerie-pâtisserie • Le mari de la boulangère sort de la boulangerie et entre au n° 12 • Un vieux monsieur sort du n° 12 et traverse la place pour aller à la banque • Une jeune fille d'une vingtaine d'années sort de la banque et passe devant la pharmacie • La femme de l'épicier sort de la pharmacie et pousse la porte du bureau de tabac juste à côté • Une vieille dame sort du bureau de tabac et se dirige vers l'église • Le touriste sort de l'église et se dirige vers le magasin de souvenirs.

A

1. • J'ai beaucoup d'argent • J'ai un compte en banque • Je n'ai pas de carte de crédit.

2. • C'est complet, il n'y a plus de place • Il reste seulement une place, devant. • Il y a trop de monde • Il y a beaucoup de places libres • Il y a des gens partout.

3. • J'entends du bruit ou J'entends un bruit • J'entends des bruits bizarres. • Chut, ne faites pas de bruit. • Ça fait trop de bruit !

• Un peu de silence, s'il vous plaît • On n'entend pas un ou pas de bruit dans la rue.

4. • Je cherche du travail ou Je cherche un travail • J'ai un travail à terminer • J'ai du travail, trop de travail • J'ai de moins en moins de travail • J'ai des clients mais pas assez de nouveaux clients • Nous payons des taxes, beaucoup trop de taxes.

B

• Vous avez assez de temps libre ? • Vous faites beaucoup de sport ? • Vous parlez combien de langues étrangères ? • Vous ne consommez pas de somnifères ? • Vous gagnez assez d'argent ? • Vous récitez beaucoup de prières ? • Vous recevez trop de conseils ? • Vous connaissez beaucoup de chansons ? • Vous ne lisez pas de bandes dessinées ? • Vous ne mangez pas de viande ? • Vous avez beaucoup de projets d'avenir ? • Vous avez combien de frères et sœurs ? • Vous perdez beaucoup de temps ? • Vous ne faites pas de musique ?

A

1. de mon/notre avenir, de mon/notre problème, de mes/nos projets, de ma/notre décision, de mes/nos doutes **2.** mes/nos coordonnées, mon/notre adresse, mon/notre numéro de téléphone **3.** ... de mon/notre amitié, toutes mes/nos félicitations ..., tous mes/nos vœux ..., toutes mes/nos excuses ! ... mes/nos condoléances.

B

1. ta/votre famille, ton/votre milieu, ton/votre enfance, ta/votre manière de vivre, tes/vos goûts, tes/vos habitudes, tes/vos envies, tes/vos rêves, ton/votre caractère, tes/vos projets, ta/votre vie, ton/votre voyage, tes/vos expériences. **2.** ton/votre anniversaire, ta/votre fête, ton/votre examen, ton/votre départ, ton/votre arrivée, ton/votre mariage.

3. ta/votre colère, ton/votre départ, tes/vos larmes, ton/votre sourire, ton/votre mutisme.

PAGE 11

A

de leurs enfants, de leur fille, de son petit frère, de leur petit frère, leur famille et tous leurs amis à leur mariage, de leur fils, de sa sœur, son épouse, ses enfants, ses petits et arrière-petits enfants, ses amis et ses voisins, ses cent ans.

B

1. cette écharpe, ce dictionnaire, ce parapluie, ces lunettes, ces rollers. 2. ce mot, cette phrase, ces deux mots, ce verbe. 3. ce matin, ce soir, cet(te) après-midi, cette nuit, cette année, ce mois-ci. 4. cet objet, cette chose, ce truc.

PAGE 12

A

1. Être né à Amsterdam aux Pays-Bas. 2. Être originaire du Vietnam, de Hanoï. 3. Passer son enfance en Angleterre, à Londres. 4. Étudier le français à Paris, en France. 5. Vivre à Tananarive, à Madagascar. 6. Passer des vacances à Papetee à Tahiti. 7. Séjourner à Madrid en Espagne. 8. Émigrer aux États-Unis, en Californie. 9. Se rendre au Mexique, à Mexico. 10. Travailler à Casablanca au Maroc. 11. Quitter le Canada pour les États-Unis. 12. Tourner un film à Dakar au Sénégal.

PAGE 13

1. au restaurant, au théâtre, au cinéma, chez le dentiste, au concert, chez le coiffeur, à l'opéra, au zoo, chez le médecin, chez vos parents, chez des amis? 2. au bureau, à l'école, de chez mon avocat, à la banque, à l'université, à la boulangerie, de chez le coiffeur, chez moi, au musée, à l'aéroport, en ville. 3. en train, en bateau, à vélo, en avion, en voiture, à cheval, à moto, à dos de chameau, à dos d'âne, à pied? 4. à la campagne, au bord de la mer, sur une île, à la montagne, dans un village, en (sur un) bateau, chez vous? 5. à l'hôtel, chez des gens du pays, dans une maison louée, dans un appartement loué, sous une tente, dans une cara-

vane? 6. en ville ou en banlieue/ dans une ville ou dans la banlieue, dans une grande ville ou dans une petite ville, au centre ville ou dans un quartier périphérique? 7. au Palais de l'Elysée à Paris, à la Maison Blanche à Washington, au Kremlin à Moscou, dans un hôtel quatre étoiles, dans une grande ville, dans un petit restaurant, à la campagne, dans un chalet à la montagne, chez vous, chez des amis ou dans votre famille, dans un avion?

PAGE 14

A

• Nous sommes en pleine forêt, au cœur de la forêt vierge, loin de toute présence humaine. Des arbres partout, devant, derrière, à droite, à gauche. Nous entrevoyons à peine le ciel au dessus de notre tête, très haut, là-bas, très loin, à travers les arbres.

B

1. par la fenêtre 2. au dessous du genou ou au dessus du genou 3. face de la fenêtre 4. en haut à droite ou en bas à droite ou en bas à gauche 5. sur les tables, au plafond, au dessus des tables 6. sur les meubles 7. dans un tiroir, entre les feuilles, derrière un tableau, sous votre matelas 8. derrière/dans un arbre, dans un placard, derrière une porte. 9. par le trou/à travers le trou 10. près de l'écran ou au fond de la salle, au bord de l'allée centrale.

PAGE 15

1. Sophie, c'est une femme charmante, c'est la personne la plus aimable de la société. 2. Le Docteur Hesse, c'est un médecin réputé, il est chirurgien, c'est le chirurgien le plus compétent de la clinique. 3. notre nouvel associé, c'est l'architecte le plus dynamique du groupe. 4. Luc, c'est un vieil ami, c'est mon meilleur copain. 5. mon ancien directeur, c'est un homme très compétent, il est aussi violoniste amateur. 6. mes grands-parents, ce sont des gens charmants, ils sont très fantaisistes, ce sont de(s) grands voyageurs. 7. ce grand type, il est avocat, c'est un type odieux mais c'est un très bon avocat. 8. Eloïse ma nouvelle épouse; elle est cana-

dienne, c'est la plus jeune étudiante de sa promotion.

A

• léger / légère, dernier / dernière, particulier / particulière • grand(e), blond(e), bavard(e) froid(e) • gros / grosse, gras / grasse, faux / fausse, roux / rousse, doux, / douce • jaloux / jalouse, mauvais(e), gris(e), chinois(e) • gentil(le) • long(ue) • blanc / blanche, frais / fraîche, sec / sèche, franc, / franche • neuf / neuve, impulsif / impulsive, actif / active • heureux / heureuse, mystérieux / mystérieuse • rêveur / rêveuse, rageur / rageuse, menteur / menteuse • dominateur / dominatrice • breton(ne), mignon(ne) • fin(e), voisin(e) • brun(e) • canadien(ne), européen(ne), africain(e) • humain(e), prochain(e) • vieux / vieil / vieille • beau / bel / belle, nouveau / nouvel / nouvelle, fou / folle, mou / molle.

B

• une avocate bretonne d'ordinaire très douce mais jalouse poursuit sa principale rivale armée d'une longue épée • une jeune et jolie fille fine et rêveuse cherche dans une petite boutique une eau de toilette délicate, discrète et légère • une mystérieuse inconnue très brune donne une fausse adresse à l'employé de la résidence luxueuse tout neuve où une limousine verte l'a déposée. • Dans une clinique canadienne une mère épuisée mais heureuse tient dans ses bras deux belles et grosses jumelles bien éveillées. • Une femme impulsive, dominatrice et râleuse ouvre d'une manière rageuse une enveloppe contenant une lettre anonyme. • Dans une vieille cabane de Dublin, une bouteille pleine à la main, une jeune infirmière iranienne raconte à une vieille cuisinière catalane les souvenirs de sa région lointaine.

Habitudes dominicales

Il(s) se lève(nt), déjeune(nt), emmène son chien / emmènent leur chien, achète son journal et une revue en bas de chez lui/achètent leur journal et une revue en bas de chez eux, jette(nt), feuillette(nt), lâche son chien/lâchent leur chien, flâne(nt), se promène(nt), s'aère(nt), cour(en) t, rappelle son chien/rappellent leur chien, rentre(nt), allume(nt), s'installe sur son lit/s'installent sur leur lit et commence(nt) …

Petite entreprise

Je ne m'ennuie jamais, je n'en ai jamais le temps, j'emploie …, je les paye bien, j'essaye de …, je crois …, je me distrais … •Nous ne nous ennuyons jamais, nous n'en avons jamais le temps, nous employons …, nous les payons …, nous essayons de …, nous croyons …, nous nous distrayons …

Départ 1

Elle écrit …, elle la relit, elle finit sa valise, elle entend …, elle met son manteau …, elle saisit sa valise …, elle éteint …, elle sort …, elle descend …, elle franchit …, elle disparaît … • Elles écrivent …, elles la relisent, elles finissent leur valise, elles entendent …, elles mettent leur manteau …, elles saisissent leur valise …, elles éteignent …, elles sortent …, elles descendent …, elles franchissent …, elles disparaissent …

Départ 2

Il part …, il ne se munit …, il conduit …, il choisit sa destination, il dort …, il ne craint pas …, il vit … • Ils partent …, ils ne se munissent …, ils conduisent …, ils choisissent leur destination, ils dorment …, ils ne craignent pas …, ils vivent …

Vie difficile

Je tiens …, je parviens à gagner ma vie, je dois …, je ne peux pas …, je reçois …, je bois pour me consoler • Nous tenons …, nous parvenons …, nous devons …, nous ne pouvons pas …, nous recevons …, nous buvons pour nous consoler.

Oublieuse mémoire

Tu comprends …, Tu apprends …, tu n'as pas …, tu ne retiens pas …, tu apprends …, tu ne t'en souviens pas …, tu veux …, tu reviens … • Vous comprenez …, vous apprenez …, vous n'avez pas …, vous ne retenez pas …, vous apprenez …, vous ne vous en souvenez pas …, vous voulez …, vous revenez …

PAGE 18

base

je	parle	mange
tu	parles	manges
il/elle/on	parle	mange
ils/elles	parlent	mangent
nous	parlons	mangeons
vous	parlez	mangez

je	commence	offre
tu	commences	offres
il/elle/on	commence	offre
ils/elles	commencent	offrent
nous	commençons	offrons
vous	commencez	offrez

je	souris	conclus
tu	souris	conclus
il/elle/on	sourit	conclut
ils/elles	sourient	concluons
nous	sourions	concluez
vous	souriez	concluent

PAGE 19

2 bases

METTRE	il met/ils mettent
SE BATTRE	il se bat/ils se battent
ENTENDRE	il entend/ils entendent
PERDRE	il perd/ils perdent
RÉPONDRE	il répond/ils répondent
GRANDIR	elle grandit/elles grandissent
VIEILLIR	elle vieillit/elles vieillissent
CONNAÎTRE	elle connaît/elles connaissent
CROÎTRE	elle croit/elles croissent
LIRE	il lit/ils lisent
CONDUIRE	il conduit/ils conduisent
PLAIRE	il plaît/ils plaisent
SUIVRE	elle suit/elles suivent
ÉCRIRE	elle écrit/elles écrivent
SERVIR	elle sert/elles servent
(S'EN)DORMIR	il s'endort/ils s'endorment
(CON)VAINCRE	elle convainc/elles convainquent
ROMPRE	il rompt/ils rompent
CRAINDRE	elle craint/elles craignent

ÉTEINDRE	elle éteint/elles éteignent
JOINDRE	elle joint/elle joignent
MOURIR	il meurt/ils meurent
ACQUÉRIR	il acquiert/ils acquièrent
SAVOIR	il sait/ils savent
VALOIR	il vaut/ils valent
RÉSOUDRE	il résout/ils résolvent

PAGE 20

A

POUVOIR	je peux, tu peux, il peut, on peut, ils peuvent nous pouvons, vous pouvez
VOULOIR	je veux, tu veux, il veut, on veut ils veulent nous voulons, vous voulez
DEVOIR	je dois, tu dois, il doit, on doit ils doivent nous devons, vous devez
RECEVOIR	je reçois, tu reçois, il reçoit, on reçoit, ils reçoivent nous recevons, vous recevez
BOIRE	je bois, tu bois, il boit, on boit ils boivent nous buvons, vous buvez
TENIR	je tiens, tu tiens, il tient, on tient, ils tiennent nous tenons, vous tenez
VENIR	je viens, tu viens, il vient, on vient, ils viennent nous venons, vous venez
PRENDRE	je prends, tu prends, il prend, on prend, ils prennent nous prenons, vous prenez

B

1. Nous buvons … 2. Que voulez-vous … 3. vous vous souvenez … 4. Où devons-nous … 5. je m'aperçois … 6. Vous me surprenez … je ne vous comprends pas. 7. Que contiennent … 8. nos services reçoivent … 9. Nous ne voulons pas … 10. … perçoivent … 11. reviennent … 12. tu entreprends … 13. Nous nous tenons … 14. On peut … 15. Qui revient …, doit …, ne peut pas … 16. je m'abstiens …, je ne veux rien …, je me retiens …

PAGE 21

A

1. *Se marier jeune* : ils se marient, nous nous marions, on se marie
2. *Rire, sourire beaucoup* : ils rient, sourient, nous rions, sourions, on rit, sourit
3. *Trier les ordures* : ils trient, nous trions, on trie
4. *Payer beaucoup* : ils paient, nous payons, on paie
5. *Noyer son chagrin* : ils noient leur chagrin, nous noyons notre chagrin, on noie son chagrin
6. *S'essuyer les pieds* : ils s'essuient, nous nous essuyons, on s'essuie
7. *Fuir les villes* : ils fuient, nous fuyons, on fuit
8. *Croire en Dieu* : ils croient, nous croyons, on croit
9. *Conduire vite* : ils conduisent, nous conduisons, on conduit
10. *Punir* : ils punissent, nous punissons, on punit
11. *Mettre les poubelles* : ils mettent, nous mettons, on met
12. *Enfreindre la loi* : ils enfreignent, nous enfreignons, on enfreint
13. *Craindre de passer* : ils craignent, nous craignons, on craint
14. *Entretenir sa voiture* : ils entretiennent leur voiture, nous entretenons notre voiture, on entretient sa voiture
15. *Apprendre les langues* : ils apprennent, nous apprenons, on apprend
16. *Se recevoir entre amis* : ils se reçoivent, nous nous recevons, on se reçoit
17. *Boire du vin à table* : ils boivent, nous buvons, on boit
18. *S'arrêter* : ils s'arrêtent, nous nous arrêtons, on s'arrête

PAGE 22

1. Calmez-vous, ne vous disputez pas, ne vous énervez pas. 2. Aie confiance, sois persévérant, ne te décourage pas. 3. Ne vous gênez pas, mettez-vous à l'aise, faites comme chez vous. 4. Dépêchons-nous, rejoignons les autres, ne traînons pas. 5. Sois gentil, tais-toi, n'insiste pas, ne pose pas de questions. 6. Ne nous pressons pas, prenons notre temps. 7. Ne nous faisons pas remarquer, restons discrets. 8. Sachez vous dominer, ne vous donnez pas en spectacle. 9. Ne te retiens pas, dis ce que tu as à dire, sois spontané. 10. Faites attention, réfléchissez bien, ne vous trompez pas.

PAGE 24

A

Passé composé
Voir page suivante.

B

1. je me suis trompé(e) ... 2. tu as trouvé ..., je n'ai pas aimé du tout, j'ai trouvé ...
3. Nous nous sommes retrouvés ..., vous avez eu du mal ..., ça n'a pas été difficile.
4. On a décidé ..., vous avez pris la décision, on s'est décidés ... 5. Tu as fermé ..., j'ai coupé ..., tu as branché ..., j'ai tout fait ...
6. Vous avez rempli ..., je l'ai remplie, vous n'avez rien oublié, j'ai tout vérifié ...
7. Qu'est-ce que tu t'es fait ..., je me suis blessé(e), je me suis coincé le doigt ..., ça a dû ... 8. Vous vous êtes renseigné(e) ..., une secrétaire m'a renseigné(e) ... 9. Vous êtes rentré(e)s ..., je ne vous ai pas entendu(e)s, on a fait attention, on est monté(e)s ...
10. Tu es arrivé ..., nous sommes arrivés ..., tu n'es pas venu seul ..., un ami m'a accompagné. 11. est morte ... 12. Tu as rappelé ..., je suis passé(e) ... 13. Il est descendu ..., il les a descendues. 14. Vous êtes sorti(e)s ..., nous n'avons pas bougé, nous sommes resté(e)s ... 15. Vous avez interrompu ..., je suis parti(e) ..., vous avez parcouru ...
16. Vous êtes devenu riche, j'ai hérité ..., ça a changé ..., je suis demeuré ... 17. Vous avez passé ..., il a plu ... 18. Tu es passé(e) ..., je suis passé(e) ... 19. Vous avez vécu ..., j'y suis resté ..., vous avez connu ..., ... je me suis marié ...

PASSÉ COMPOSÉ

ÊTRE + participe passé

SE + verbe

Je me suis réveillé tôt.
Il s'est renseigné.
Vous vous êtes amusés ?
Tu t'es trompée.
Ils se sont aimés.
Nous nous sommes excusés.
Elle s'est endormie.

aller/venir
arriver/partir
entrer
naître/mourir
rester/tomber
demeurer
devenir
parvenir ~ *(change of state)*

Elle est allée au cinéma.
Son père est mort.
Ils sont partis hier.
Nous sommes arrivés tard.
Tu es resté longtemps ?
Vous êtes né où ?
Je suis venu seul.
Je suis parvenu à comprendre.
Elles sont tombées.
Il est demeuré sans voix.
Il est devenu fou.

monter/descendre
sortir
passer
retourner
rentrer

Je suis monté dans le train.
Vous êtes descendu à l'hôtel ?
Il est sorti avec le chien.
Tu es passé chez moi ?
Ils sont retournés dans leur pays.
Elle est rentrée chez elle.

AVOIR + participe passé

TOUS LES AUTRES VERBES

Tu as compris ?
Il a mangé.
Vous avez vu ce film ?
Ils ont bien ri.
Nous avons discuté tard.
J'ai fini.

monter/descendre
sortir
passer
retourner
rentrer

+ complément d'objet

J'ai monté la valise dans le train.
Vous avez descendu la poubelle ?
Il a sorti le chien.
Tu as passé tes vacances où ?
Ils ont retourné la lettre.
Elle a rentré la voiture dans le garage.

PAGE 25

A

1. Tu as garé ta voiture ? Où est-ce que tu l'as garée ? **2.** Tu as écouté les disques que je t'ai offerts ? Lesquels as-tu préférés ? **3.** Vous avez reçu des lettres, vous les avez lues ? **4.** J'ai perdu mes clefs ! Je ne sais pas où je les ai oubliées ! **5.** Vous les avez aimées, ces tartes ? C'est ma mère qui les a faites ! **6.** Tu as essayé plusieurs voitures, laquelle as-tu préférée ? **7.** Ils ont préparé leurs valises, puis se sont préparés. **8.** Elle s'était commandé une voiture rouge et la voiture qu'on lui a livrée était verte. **9.** Un jour il s'est fabriqué des faux papiers et le lendemain il a perdu les papiers qu'il s'était fabriqués. **10.** Elle s'est acheté deux tapis au Maroc mais les a offerts à ses enfants qui les ont adorés.

B

11. Quels musées avez-vous visités à Paris ? Vous les avez tous visités ou vous n'en avez visité que quelques-uns ? **12.** Je n'ai pas lu tous les livres que j'ai empruntés à la bibliothèque. J'en ai lu deux seulement. **13.** Ce n'est pas moi qui ai mangé tes chocolats, je les ai vus mais je ne les ai pas mangés. **14.** Des promesses, tu m'en as fait beaucoup, tu ne les as pas toutes oubliées mais tu en as oublié beaucoup.

PAGE 26

A

Quand j'avais … et que je pleurais … tu me consolais, tu m'embrassais, tu me calmais.

Quand j'avais … et que je quittais … tu te réveillais … Tu venais me chercher … et tu me ramenais me coucher. Je partageais avec toi … .

On ouvrait les yeux … Nous pensions … Tu terminais la phrase … Je t'appelais … quand je prenais … Tu choisissais … Je ne les aimais pas toujours. Nous avions des conflits …

Tu n'aimais pas … . Tu me peignais. Tu essuyais … Tu en frottais les perles …

B

FAIRE	Nous faisons
	Ils faisaient
PLACER	Nous plaçons
	Tu plaçais Vous placiez
MANGER	Nous mangeons
	Je mangeais Nous mangions
RÉPÉTER	Nous répétons
	Nous répétions
SE LEVER	Nous nous levons
	Ils se levaient
S'ENNUYER	Nous nous ennuyons
	Elle s'ennuyait
SE CONNAÎTRE	Nous nous connaissons
	Elles se connaissaient
ECRIRE	Nous écrivons
	J'écrivais
LIRE	Nous lisons
	On lisait
POUVOIR	Nous pouvons
	Nous pouvions
VOIR	Nous voyons
	Elles voyaient
SAVOIR	Nous savons
	Il savait
BOIRE	Nous buvons
	On buvait
RECEVOIR	Nous recevons
	Vous receviez
ÊTRE	Vous êtes
	Tu étais

PAGE 27

A

1. Vous viendrez …, ça dépendra du temps qu'il fera. **2.** Tu tâcheras …, j'essaierai. **3.** Vous éteindrez …, on n'oubliera pas. **4.** Vous ne ferez pas …, on fera … **5.** Nous serons …, on sera … **6.** Tout ira très bien, tout se passera … **7.** Il faudra …, vous devrez … **8.** On obtiendra ce qu'on voudra, il faudra … **9.** Quel temps fera-t-il ? Il pleuvra … **10.** On vous écrira, on vous enverra …, ça nous fera plaisir ! **11.** Elle ne dira rien, elle tiendra … **12.** Ils auront …, ils finiront … **13.** Ça me plaira ? Tu aimeras … **14.** Vous pourrez …, nous viendrons … **15.** Je ne m'assiérai pas /je ne m'assoirai pas …, je te mettrai … **16.** Vous vous souviendrez …, je ne vous oublierai pas. **17.** Je saurai …, vous recevrez … **18.** Vous nous préviendrez …, vous aurez …, nous vous les enverrons … **19.** Tu sauras …, on verra …, j'improviserai. **20.** Je mourrai …, tu t'en consoleras. **21.** Je ne te le pardonnerai pas …, tu verras, tu me remercieras. **22.** On ne s'ennuiera pas.

B

Extrait du règlement de la maison
des Orphelines de Grenoble en 1807

On s'habillera promptement et en silence, on fera son lit, les plus fortes aideront les autres à faire le leur; on fera la prière en commun, on ne mettra pour le lever et la prière qu'une demi-heure, pendant laquelle une des élèves désignée par la maîtresse se détachera des autres pour aller balayer la salle de travail. On dînera à onze heures et demie et on soupera à sept heures et demie.

PAGE 28

Infinitifs

- ER

FORMATION RÉGULIÈRE

Parler	Je parlerai
Donner	Je donnerai
Jouer	Je jouerai
Répéter	Je répéterai

FORMATION IRRÉGULIÈRE

Aller	j'irai
Acheter	J'achèterai
Appeler	J'appellerai
Payer	Je paierai
Nettoyer	Je nettoierai
Essuyer	J'essuierai

- IR

FORMATION RÉGULIÈRE

Partir	je partirai
Finir	je finirai
Sortir	je sortirai

FORMATION IRRÉGULIÈRE

Venir	je viendrai
Tenir	je tiendrai
Mourir	je mourrai
Courir	je courrai
Acquérir	j'acquerrai
Cueillir	je cueillerai

- RE

FORMATION RÉGULIÈRE

Rire	Je rirai
Ecrire	J'écrirai
Conclure	Je conclurai
Boire	Je boirai
Se Plaire	Je me plairai
Croire	Je croirai
Mettre	Je mettrai
Prendre	Je prendrai
Attendre	J'attendrai
Rejoindre	Je rejoindrai

FORMATION IRRÉGULIÈRE

Faire	Je ferai
Être	Je serai

- OIR

FORMATION RÉGULIÈRE

Prévoir	Je prévoirai
S'asseoir	Je m'assoirai

FORMATION IRRÉGULIÈRE

Avoir	J'aurai
Savoir	Je saurai
Pouvoir	Je pourrai
Voir	Je verrai
Devoir	Je devrai
Recevoir	Je recevrai
Valoir	Il vaudra
Vouloir	Je voudrai
Falloir	Il faudra
Pleuvoir	Il pleuvra
S'(é) mouvoir	Je m'émouvrai
S'asseoir	Je m'assiérai
	Je m'assoirai

PAGE 29

A

PLUS
Il ne travaille plus
Il n'a plus travaillé
JAMAIS
Elle ne travaille jamais
Elle n'a jamais travaillé
RIEN
Tu ne dis rien
Tu n'as rien dit
PERSONNE
Je ne reconnais personne
Je n'ai reconnu personne

AUCUN(E)

Ils ne font aucun bruit

Ils n'ont fait aucun bruit

NULLE PART

Il ne se plaît nulle part

Il ne s'est plu nulle part

NE ... QUE

Ils ne mangent que des légumes

Ils n'ont mangé que des légumes

PERSONNE

Personne ne parle

Personne n'a parlé

RIEN

Rien ne change Rien n'a changé

AUCUN(E)

Aucun étudiant n'écoute

Aucun étudiant n'a écouté

B

1. Il n'a rien dit, il ne dira rien, il ne voudra rien dire. **2.** Nous ne voulons exclure personne, nous n'exclurons personne. **3.** Ils n'ont reçu aucune nouvelle, ils regrettent de ne recevoir aucune nouvelle. **4.** Elle ne fume plus, elle ne veut plus fumer, elle ne fumera plus. **5.** Je ne travaille que ... je n'ai jamais travaillé que ...

PAGE 30

A

1. Je ne me sens pas très bien, je ne suis pas en forme. **2.** Nous ne voulons pas, nous ne sommes pas d'accord. **3.** Je n'ai pas peur, je n'ai pas le trac. **4.** Je n'ai qu'un frère, je n'ai pas de sœur. **5.** Je n'ai plus faim, je ne veux plus rien. **6.** Je ne cherche personne, je n'attends personne. **7.** Je n'ai pas de médecin, je ne suis jamais malade. **8.** Je ne veux rien faire, je ne veux pas sortir. **9.** Je n'ai aucune question, aucune remarque à faire. **10.** Je ne veux rien boire, je ne veux rien manger. **11.** Je ne lis pas de romans, je ne lis pas de poésie non plus.

B

1. Personne ne m'a reconnu. **2.** Je n'ai jamais chassé. **3.** Je n'ai invité personne. **4.** Rien n'a changé dans ma vie. **5.** Nous n'avons eu aucun problème. **6.** Je n'ai rien compris. **7.** Je

n'ai parlé à personne, je n'ai vu personne. **8.** Nous n'en avons visité aucun.

PAGE 31

A

1. quel mois? quelle date? à quelle heure? à quel moment? **2.** Qui? quelle personne? quelles personnes? quel individu? quel homme? quelle femme? **3.** Quoi? quelle chose? quel objet? quel fait? quel événement? quelle action? **4.** Comment? de quelle façon? de quelle manière? **5.** Où? en quel lieu? à quel endroit? dans quelle direction? **6.** Pourquoi? pour quelle(s) raison(s)? dans quelle intention? dans quel but?

C

1. Que prenez-vous?

Qu'est-ce que vous prenez ... ?

Vous prenez quoi?

2. A quoi pense-t-il?

A quoi (est-ce que) il pense?

Il pense à quoi?

3. Comment va-t-il?

Comment (est-ce que) il va?

Il va comment?

4. Où habite-t-elle?

Où (est-ce qu') elle habite?

Elle habite où?

5. Où êtes-vous allés?

Où (est-ce que) vous êtes allés?

Vous êtes allés où?

6. De quoi avez-vous parlé?

De quoi (est-ce que) vous avez parlé?

Vous avez parlé de quoi?

7. Combien étiez-vous?

Combien (est-ce que) vous étiez?

Vous étiez combien?

8. Y avait-il des étrangers?

(Est-ce qu') il y avait des étrangers?

9. Etait-ce intéressant?

(Est-ce que) c'était intéressant?

10. A quelle heure avez-vous terminé?

A quelle heure (est-ce que) vous avez terminé?

Vous avez terminé à quelle heure?

PAGE 32

A

1. Nous nous sommes reconnu(e)s mais nous ne nous sommes pas salué(e)s. 2. Ils se sont croisés mais ils ne se sont pas reconnus. 3. Ils se sont fiancés mais ils ne se sont jamais mariés. 4. Nous nous sommes dévisagé(e)s mais nous ne nous sommes pas parlé. 5. On s'est consulté(s) mais on ne s'est pas mis d'accord. 6. Elles se sont rencontrées et se sont tout de suite bien entendues. 7. Ils se sont séparés mais ils ne se sont pas perdus de vue. 8. Nous nous sommes aperçu(e)s de loin et nous nous sommes fait signe.

B

Par écrit

1. … se sont-elles revues? 2. … s'est-il absenté? 3. … t'es-tu adressé(e)? 4. … t'es-tu renseigné(e)? 5. … vous êtes-vous marié(e)(s)? 6. … s'est-elle réveillée? 7. … vous êtes-vous décidé(e)(s)? 8. … se sont-ils rencontrés? 9. … vous êtes-vous reconnu(e)s?

Oralement

1. Elles se sont revues quand? 2. Il s'est absenté combien de temps? 3. Tu t'es adressé à qui? 4. Tu t'es renseigné au près de qui? 5. Vous vous êtes marié à quel âge? marié(e)(s)? 6. Elle s'est réveillée à quelle heure? 7. Vous vous êtes décidé(e)(s) en combien de temps? 8. Ils se sont rencontrés où? 9. Vous vous êtes reconnu(e)s comment?

C

1. Pourquoi t'es-tu levé … ? 2. Pourquoi s'est-il impatienté? 3. Pourquoi s'est-elle mise en colère? 4. Pourquoi vous êtes-vous disputés? 5. Pourquoi s'est-il mis à rire? 6. Pourquoi t'es-tu marié?

CHAPITRE 2

Déterminants-Pronoms

C

Je n'aime pas les vacances parce que je n'aime pas les voyages. Courir dans une gare en portant une valise très lourde dans une main, un sac dans l'autre, les billets entre les dents, faire la queue dans un aéroport pour enregistrer les bagages, supporter la nervosité des vacanciers qui ont peur de l'avion ou qui se sentent obligés d'emmener avec eux la grand-mère qui perd la mémoire et qui aurait été heureuse de rester chez elle avec ses petites manies, être bousculé par un groupe de sportifs insouciants, partir en retard, arriver fatigué à une heure impossible, chercher un taxi … tout cela, je vous le laisse. (Tahar Ben Jelloun)

Exemples de réponses

1. FERMIER(E)S : des œufs, du lait et du beurre, un séjour dans votre ferme …

2. COIFFEUR/COIFFEUSES : une coupe de cheveux par mois, des cours de coupe de cheveux …

3. JARDINIERS : de l'aide au printemps pour le jardin, l'entretien régulier d'un jardin …

4. GARAGISTES : la réparation d'une voiture, l'entretien régulier d'une voiture …

5. CLOWNS : l'animation de l'anniversaire d'un enfant …

6. LYCÉENS : des gardes d'enfants, le lavage de voitures…

7. BRICOLEURS : des conseils pratiques de bricolage ; de l'aide pour une installation …

8. ÉTUDIANT(E)S EN ARCHITECTURE : des plans de maison ; la surveillance de travaux de construction …

9. SANS LOGIS : le gardiennage d'une propriété …

10. PSYCHANALYSTES : une deux ou plusieurs années de psychanalyse …

11. FEMMES DE MÉNAGE : une ou plusieurs heures de ménage par semaine ou par mois …

12. PILOTES AUTOMOBILE : des cours de conduite sportive, des émotions fortes …

13. CHANTEURS/CHANTEUSES : une place pour un concert, une tournée en compagnie du groupe …

14. ACTEURS/ACTRICES : du théâtre à domicile, des cours de théâtre …

15. JURISTES : des conseils juridiques, de l'aide pour constituer un dossier …

16. PROFESSEURS D'ITALIEN : des cours particuliers, la traduction ou la rédaction de lettres …

A

• de l'imagination, de l'intuition, des qualités créatrices. • une grande sensibilité, des qualités de cœur. • des connaissances et la passion du savoir. • de l'autorité, de l'ascendant sur les autres, le goût du pouvoir. • des talents manuels, de l'adresse et de la patience. • des qualités intellectuelles, un esprit ouvert et l'art de convaincre • une bonne mémoire, une élocution facile, du charme, l'envie de plaire • un bon nez • des réflexes rapides, un bon équilibre nerveux, du sang-froid et le goût du risque • une bonne santé et un bon équilibre nerveux. • le sens de l'humour, le goût de la répartie.

B

du … de la … de l' …

de l'énergie, de la force, du courage, de l'imagination, de l'intuition, de l'autorité, de l'ascendant, de l'adresse, de la patience, du charme, du sang froid.

un ... une ...

une énergie considérable, une volonté de fer, une grande sensibilité, un esprit ouvert, une bonne mémoire, une élocution facile, un bon nez, une bonne santé, un bon équilibre nerveux.

des ...

des qualités créatrices, des qualités de cœur, des connaissances, des talents manuels, des qualités intellectuelles, des réflexes rapides.

le, la ...

la passion du savoir, le goût du pouvoir, l'art de convaincre, l'envie de plaire, le goût du risque, le sens de l'humour, le goût de la répartie, le sens des affaires.

C

• Du calme ! ... il faut du calme, beaucoup de calme. Seul un grand calme peut sauver la situation.

• ... il faut de la force, beaucoup de force, il faut même une force de taureau. Qui aura la force nécessaire ...

• ... la patience n'est pas ... il vous faudra de la patience ... beaucoup de patience ... une patience infinie ... Si vous n'avez pas de patience, vous n'y arriverez pas.

PAGE 37

A

1. Tous les francophones ne sont pas français. Certains / de nombreux / beaucoup de francophones ont une autre nationalité. **2.** Aucun ministre / la totalité des ministres n'est installé en province, tous les ministres sont installés dans la capitale. **3.** La majorité des jours fériés sont des fêtes religieuses, mais il existe quelques / certaines fêtes non religieuses. **4.** Quelques noms français ont un pluriel en « x » mais la majorité/la plupart des noms prennent un « s » au pluriel. **5.** Beaucoup de Français ont au moins deux prénoms / La majorité / la plupart des Français a au moins deux prénoms. **6.** Légalement, aucun petit Français ne peut échapper à l'école, l'école est obligatoire pour tous les enfants français. **7.** La plupart / La majorité des musées sont fermés le mardi. **8.** Beaucoup d'hommes politiques / De nom-breux hommes politiques sortent de l'E.N.A. **9.** De nombreux Français/Beaucoup de Français sont membres d'une ou plusieurs associations. **10.** Aucun Français ne peut voter avant 18 ans.

B

La France en 1998

• 45 % des jeunes de 18 à 25 ans • 53 % des 11-15 ans pensent que leurs parents les comprennent 16 % sont d'un avis opposé • 12 000 comédiens âgés en moyenne de 39 ans environ • Il y a eu plus d'un million de demandes de billets pour assister à la Coupe du Monde de football en 1998. On n'a vendu officiellement que 227 000 billets dont 31 000 pour la finale • On dépose chaque jour dans les banques françaises environ 11,5 millions de billets de banque et 1,9 millions ne sont pas remis en circulation • La population française s'élève à 60,9 millions d'habitants. En 1997 la population avait augmenté de 231 000 habitants, soit une progression de 0,4 % • En 1998, la Marianne qui orne nos timbres a changé de visage pour la 21ème fois depuis 1849.

PAGE 38

Dialogue

– Vous avez *beaucoup de* cousins et cousines ?

– J'*en* ai *pas mal*, oui. Je dois *en* avoir *une quinzaine* ! Attendez ! J'*en* ai ... (*elle compte*) ça fait *dix-sept*, du côté paternel et *deux* du côté maternel.

– Vous *les* connaissez *tous* ?

– Je *les* connais *tous*, oui.

– Vous *les* voyez souvent ?

– Non, plus maintenant. Je revois *certaines cousines* de temps en temps, rarement mais je n'ai pas revu *la plupart de mes cousins* depuis une dizaine d'années.

– Et quand vous étiez enfant, oui ?

– Ah oui ! on allait *les uns* chez *les autres*, et le premier janvier on se retrouvait *tous* chez mes grands-parents.

– *Tous* ?

– Oui, *tous*, *tous* les ans ! C'était un cérémonial ! A *une certaine* heure ma grand mère faisait la distribution. Elle donnait à *chaque* petit

enfant une petite somme d'argent. On attendait *les uns* derrière *les autres* dans son magasin, elle ouvrait son tiroir-caisse et *chacun* à son tour recevait ses étrennes. Un jour l'*un de* nous a été privé d'étrennes. U*n de* mes frères, je crois … je ne sais plus *lequel*.
– Pourquoi ?
– Pour une bêtise mais j'ai oublié *laquelle*. C'est que c'était un personnage ma grand-mère !

Réponses au questionnaire
1. Elle en a une quinzaine. **2.** Elle les connaît tous. **3.** Elle en revoit certains de temps en temps. Elle n'en a pas revu certains depuis 10 ans. **4.** Oui, parce qu'ils se rendaient visite les uns aux autres. **5.** Ils se retrouvaient tous chez leurs grands-parents. **6.** Chaque cousin et chaque cousine recevaient de l'argent. Tous recevaient quelque chose. **7.** Chacun recevait à son tour ses étrennes de la main de sa grand-mère. **8.** Un de ses frères n'a pas reçu d'étrennes.

PAGE 39

A
1. Ils étaient tous présents – aucun. **2.** Ils sont tous contents – aucun. **3.** Ils ont tous donné leur accord – aucun. **4.** Elles se sont toutes exprimées – aucune.

B
Exemples de réponses
• Il les a toutes corrigées – il en a corrigé la moitié / il n'en a corrigé que deux. • Je les ai tous retrouvés – je n'en ai retrouvé aucun / j'en ai retrouvé certains. • Ils sont tous arrivés – il en manque quelques-uns / il n'y en a qu'une dizaine. • Je les ai toutes laissées fermées – si, j'en ai laissé une ouverte. • Je les ai tous mangés – si, je t'en ai laissé quelques-uns. • Je ne pourrai pas les rencontrer toutes – Je pourrai en rencontrer quelques-unes.

C
Exemples de réponses
• Tous les étrangers ne sont pas francophiles, certains étrangers adorent la France, d'autres par contre sont plus réservés à son égard.

• Tous les participants ont été invités à donner leur avis. Tous se sont prononcés favorablement au projet, certains avec enthousiasme, d'autres d'une manière plus modérée. • On a demandé à chaque invité d'apporter quelque chose pour la soirée. Les uns ont apporté des salades, d'autres du fromage, d'autres des desserts. Chacun a apporté ce qu'il voulait. • Tous les goûts sont dans la nature, il y a des gens qui aiment les couleurs chaudes, d'autres qui préfèrent les couleurs froides, d'autres qui n'aiment que le noir et le blanc • Plusieurs personnes ont assisté au spectacle, certaines étaient très critiques, quelques-unes favorables et d'autres décontenancées /surprises.

PAGE 40

B
vie : **1.** la tienne **2.** de la sienne **3.** de la mienne **4.** de la vôtre **5.** de la leur **6.** de la mienne.
passé : **1.** le tien **2.** du sien **3.** du mien **4.** du vôtre. **5.** du leur **6.** du mien.
problèmes : **1.** les tiens **2.** des siens **3.** des miens **5.** des vôtres **6.** des leurs **7.** des miens.

C
1. la tienne **2.** le mien **3.** les tiens **4.** la leur **5.** les tiennes **6.** la mienne / la nôtre **7.** les siennes **8.** des siens **9.** des vôtres **10.** le mien /le nôtre.

PAGE 41

A
1. ceux-ci **2.** celle-ci **3.** celle de ; celle de

B
1. cette armoire ; celle-là. **2.** ce type ; celui qui ; celui qui … **3.** cette adresse ; celle de … **4.** cette table ; celle-ci, celle-là. **5.** ces fax ; ceux que … **6.** cet arbre ; ceux qui …

PAGE 42

A
1. Louis XVI. **2.** Brest. **3.** La Belgique (le français, le flamand, l'allemand), Le Canada (le français, l'anglais). La Suisse (le français, l'allemand, l'italien). **4.** La Seine. **5.** La Marseillaise. **6.** Très probablement la Tour

Eiffel. **7.** Le pentathlon (courses de deux cents et quinze cents mètres, saut en longueur, lancement du disque et du javelot). **8.** M. Braille (1809-1852)

C

1. n'importe laquelle. **2.** n'importe lequel. **3.** n'importe laquelle. **4.** n'importe quel temps. **5.** n'importe lesquelles. **6.** n'importe laquelle. **7.** à n'importe quelle heure. **8.** à n'importe quel prix.

PAGE 43

B

Le, la, l', les

raconter ou cacher qqch.

regretter qqch.

contester qqch.

refuser qqch.

commenter qqch.

approuver qqch.

accepter qqch.

ignorer qqch.

y

s'adapter à qqch.

faire allusion à qqch.

repenser à qqch.

se soumettre à qqch.

s'opposer à qqch.

en

se souvenir de qqch.

souffrir de qqch.

être fier de qqch.

Se désintéresser de qqch.

Se réjouir de qqch.

être victime de qqch.

être le bénéficiaire de qqch.

C

• la contester • vous en réjouir • la refuser • vous y intéresser • la commenter • en être victime • vous y opposer • l'approuver • vous en désoler • l'accepter • l'ignorer • en être le bénéficiaire • la regretter.

PAGE 44

B

le, l', la, les

saluer quelqu'un.

inviter qqn.

ignorer qqn.

revoir qqn.

oublier qqn.

lui, leur

parler à qqn.

(re) téléphoner à qqn.

souhaiter ... à qqn.

proposer ... à qqn.

présenter ... à qqn.

faire confiance à qqn.

confier ... à qqn.

demander ... à qqn.

à lui, à elle

à eux, à elles

s'intéresser à qqn.

repenser à qqn.

de lui, d'elle,

d'eux, d'elles

parler de qqn.

se désintéresser de qqn.

se méfier de qqn.

prendre des nouvelles de qqn.

Se souvenir de qqn

C

• lui faire confiance, lui confier vos clés, lui demander de nourrir vos chats • l'ignorer, vous désintéresser de lui, vous méfier de lui • vous repenserez à lui, vous l'oublierez ou vous vous souviendrez de lui, vous chercherez ou non à le revoir, vous lui retéléphonerez ou non, vous prendrez ou non des nouvelles de lui.

PAGE 45

Exemple de texte

C'est la première fois qu'il la rencontre. Il la regarde attentivement. Il l'observe minutieusement. L'intensité de son regard la gêne, l'intimide. Il ne lui parle pas. Elle ne lui parle pas non plus. Ils ne se disent rien.

PAGE 46

A

1. Tu me le ... **2.** Vous me les ... **3.** Tu me le ... **4.** Vous me l' ... **5.** Tu me les ... **6.** On me les ... **7.** Tu me les ... **8.** Vous me le ..., vous me l' ...

B

1. de me le rendre/ me le rapporter. 2. me le raccourcir. 3. vous les présenter/faire connaître. 4. me les rapporter. 5. vous l'expliquer/vous le faire comprendre. 6. vous les montrer

C

1. de le lui expliquer. 2. de les lui montrer. 3. la lui accorder. 4. les lui prêter. 5. la leur envoyer.

PAGE 47

A

1. Je te l'ai dit et redit. Je te l'ai répété déjà cent fois ! 2. Mais je te l'ai rendu ton livre ! Je t'assure que je te l'ai rendu le jour où tu me l'as demandé ! Je te l'ai rapporté chez toi, tu ne t'en souviens pas ? 3. Je te le jure, je te le promets que je le ferai ! 4. Oui, donne m'en encore un peu, j'en veux bien encore un peu mais ne m'en donne pas trop. 5. Ne lui en parlez pas ! Il ne faut pas lui en parler. Que personne ne lui en parle ! 6. On la leur a envoyée plusieurs fois, cette facture mais ils ne nous l'ont jamais réglée ! 7. Je ne lui ai pas encore annoncé la nouvelle ! Je ne sais pas comment je vais le lui dire ! 8. Vous nous le garantissez combien de temps, ce magnétoscope ?

B

1. Tu me racontes une histoire ?
– Je t'en déjà raconté une.
– Non, tu ne m'en as pas raconté.
– Si, je t'en ai raconté une ce matin.
– Raconte m'en encore une.

2. Tu me donnes un bonbon ?
– Je t'en ai déjà donné.
– Non, tu ne m'en as pas donné.
– Mais si voyons ! je viens de t'en donner un à l'instant.
– Donne m'en encore un, s'il te plaît.
3. Fais moi un dessin.
– Je t'en ai déjà fait un.
– Non, tu ne m'en as pas fait.
– Qu'est-ce que tu racontes ? Je t'en ai fait un il y a 3 minutes !
– Fais m'en un autre, s'il te plaît.
4. Tu peux me faire mes devoirs ?
– Non, je ne veux pas te les faire tous les soirs.
– Tu ne me les as pas faits hier soir !
– Bon, je te les fais encore ce soir, mais pour la dernière fois.

PAGE 48

B

2. vous y pensez parfois ? 3. vous aimeriez le visiter, vous y promener ? 4. vous les respectez ? 5. vous aimez ça ? 6. vous l'appréciez, vous y passez beaucoup de temps ? 7. vous les regardez souvent ? 8. ça vous plaît ? 9. vous la connaissez, vous y avez séjourné ? 10. vous l'utilisez comme moyen de transport ? 11. vous en écrivez beaucoup ? 12. vous la connaissez bien ? 13. ça vous met de mauvais humeur ou non ? 14. vous y croyez ? 15. ça vous fait peur ou ça vous fait rire ? 16. vous l'aimez bien cuite ou saignante ? 17. il y en a dans votre pays ? 18. vous la suivez ou non ? 19. c'est important ou non ? 20. vous y êtes habitué ?

CHAPITRE 3

Qualification, caractérisation

A

1. écrire lisiblement. 2. travailler plus méthodiquement. 3. conduis prudemment. 4. ne bois pas excessivement. 5. parler poliment. 6. répondez-moi franchement. 7. aborde la vie moins sérieusement. 8. parle-moi gentiment. 9. vous ne travaillez pas suffisamment. 10. ça n'arrive pas fréquemment. 11. répondez-moi brièvement.

RÈGLE DE FORMATION DES ADVERBES

La majorité des adverbes se terminant par une consonne au masculin ou un *e* ou *ou* se forment sur le féminin :

difficile → difficilement
doux/douce → doucement
léger/légère → légèrement
franc/franche → franchement
mou/molle → mollement
froid/froide → froidement
long/longue → longuement
actif/active → activement

Se forment sur le masculin :

• les adjectifs terminés par une voyelle : *é, i, u*
passionné → passionnément
poli → poliment
cru → crûment

• les adjectifs se terminant par : *ent* ou *ant*
ent → *emment* [amã]
prudent → prudemment
intelligent → intelligemment
ant → *amment* [amã]
bruyant → bruyamment
méchant → méchamment

Formation particulière

bref/brève → brièvement
gentil/gentille → gentiment

C

1. Chanter peu mais juste. 2. Lire les journaux régulièrement / souvent et par plaisir. 3. S'adresser à quelqu'un de manière courtoise / polie et en souriant / avec le sourire. 4. Manger beaucoup et avec appétit. 5. Écrire lentement mais bien / lisiblement. 6. Cuisiner souvent et volontiers / par plaisir / avec plaisir. 7. Téléphoner rarement / peu et brièvement. 8. Danser peu, à contre cœur/sans plaisir et sans grâce. 9. Se réveiller tard et difficilement. 10. Travailler rapidement mais superficiellement. 11. Conduire vite/rapidement mais prudemment.

A

Adjectifs
• choses détestables, étranges, difficiles à dire, étonnantes, émouvantes.
Préposition + nom/verbe
• choses sans importance, à oublier.
Propositions relatives
• choses qui rendent heureux, qui font battre le cœur, qui passent trop vite, que le temps efface, que l'on regrette longtemps, dont on se souvient toujours, dont on se lasse.

B

Voici ce que pensaient des étudiants étrangers de plusieurs nationalités un mercredi matin du mois de mars, par un temps gris, dans un cours de français, à Grenoble, dans la salle F5.

Choses admirables
• l'hospitalité
• des enfants qui vont à l'école
• les voyages en Europe
• les gens qui comprennent le français
• la naissance
• les gens qui travaillent dans un cirque
• un homme qui est toujours de bonne humeur

Choses sans importance
• un guichet automatique hors service

- quelquefois attendre un ami une heure
- l'habillement d'une personne
- un mauvais repas
- nettoyer sa chambre
- le bavardage
- la couleur de mon pantalon

Choses étranges
- l'homme dans l'espace
- prendre de la drogue
- le comportement humain
- les vins japonais qui sont très forts
- les chiens dans les restaurants
- la cuisine coréenne
- la nature humaine
- les baguettes des chinois pour manger

Choses qu'il vaut mieux oublier
- la perte d'un amour
- la guerre d'Indochine
- quand quelqu'un n'est pas gentil
- la tristesse
- une nuit qu'on passe seul
- les moments pénibles
- tous les problèmes
- les mauvais souvenirs
- quelqu'un qui dit quelque chose qui

PAGE 53

A

« *Bon, alors je vais vous demander de me citer des titres de romans d'auteurs du XXe siècle mais attention il faudra que les titres comportent un adjectif, c'est là toute la difficulté ...* »

ARAGON (L.), Les beaux quartiers,
     Le roman inachevé
AYME (M.), La jument verte
BALZAC (H. de), La vieille fille,
     Les illusions perdues
BARJAVEL (R.), Un voyageur imprudent
BAUDELAIRE (Ch.), Les paradis artificiels
CENDRARS (B.), L'homme foudroyé
BEAUVOIR (S. de), Les belles images,
     La femme rompue
BRETON (A.), L'amour fou
COLETTE, La femme cachée
DURAS (M.), Une aussi longue absence,
     La vie tranquille
FLAUBERT (G.), Un cœur simple

GIDE (A.), La porte étroite
GIONO (J.), Les âmes fortes, le bonheur fou
IONESCO (E.), La cantatrice chauve
MAUPASSANT (G. de), Bel-Ami
MONTHERLANT (H. de), La reine morte
PROUST (M.), A la recherche du temps
     perdu
QUENEAU (R.), Les fleurs bleues
RAMUZ (F.), La grande peur dans la montagne
SEGUR (Comtesse de), Un bon petit diable
SARTRE (J.-P.), Les mains sales

B

Les titres de romans sont soulignés.

A l'aide de sa *jument verte* un *étudiant étranger* part à *la recherche du temps perdu* et de son *amour fou* pour une *cantatrice chauve*.

Une *reine morte*, au *cœur simple* chemine vers des *paradis artificiels* remplis de *fleurs bleues*.

Un *bon petit diable* aux *mains sales* raconte aux *enfants terribles* la *grand peur dans la montagne* du *premier homme*.

PAGE 55

A

1. un mauvais roman mal écrit 2. de grands yeux noirs 3. un jeune sportif dynamique 4. une longue journée pluvieuse 5. un bon restaurant pas cher 6. un bel appartement moderne 7. un grand bol plein de café 8. un beau dimanche ensoleillé 9. une jeune femme blonde 10. une petite rue obscure 11. de jolis oiseaux bleus 12. un vieux monsieur fatigué 13. une très longue route droite 14. une grosse voiture rouge américaine 15. un petit chat noir affamé

C

C'est le petit matin. Au loin la falaise reçoit les premières lueurs du soleil.

Elle voit les enfants qui courent sur la plage, des pêcheurs à la ligne silencieux et concentrés, des barques multicolores qui se balancent bercées par la brise du petit matin.

Elle entend le clapotis des vagues, le cri des enfants qui jouent, la sirène d'un bateau rentrant au port.

En se penchant, elle voit deux femmes qui installent des tréteaux sur lesquels elles aligneront les poissons luisants entourés de glace qui pour le moment sont dans de grands paniers en osier.

PAGE 58

B

RESTER **1.** Célibataire. **2.** tranquille / immobile. **3.** Bloquées / enfermées / coincées. **4.** Ouvert. **5.** incertaine.

DEVENIR **1.** Suisse. **2.** Méchants/agressifs, d'autres mélancoliques / sentimentaux. **3.** Catastrophique / difficile. **4.** riche et vaniteux / méprisant **5.** Méfiant / agressif / suspicieux. **6.** indépendantes.

RENDRE **1.** Fâches. **2.** Célèbre. **3.** Sourd. **4.** nerveux. **5.** Facile / agréable / légère.

TOMBER **1.** Amoureux. **2.** malade.

SEMBLER **1.** Cher / excessif. **2.** long et parfois court. **3.** Grand / petit/éveillé / dégourdi. **4.** Soucieux / préoccupé / tendu. **5.** Impossible / difficile. **6.** Sympathique / strict / dur **7.** Merveilleux / confortable / bien situé. **8.** Satisfait / mécontent. **9.** Bon / appétissant.

SE SENTIR **1.** Seul/abandonné. **2.** Fatigué / épuisé. **3.** Reposé.

PAGE 59

A

Qu'est-ce qu'on met dans une trousse de toilette?

de la mousse à raser
des boites de médicaments
des mouchoirs en papier
du fard à paupières
un flacon de parfum
du rouge à lèvres
des tubes de crème
un tube de dentifrice
une bouteille de shampoing
une brosse à cheveux
une brosse à dents

Sur la grande et belle table de réception sont disposés

une nappe et des serviettes en lin
des bouquets de fleurs
des carafes d'eau

des couteaux à fromage
des couteaux à poisson
des dessous de plat
des fourchettes à huître
des verres à pied
des verres à eau et à vin
des verres en cristal
Tout cela

B

Se plaisent chez nous : les poupées, les kaléidoscopes, les bocaux, les bouteilles, les chaussures, les ficelles, les tubes, les paniers, les tentures, les agrafes, les châssis, les toiles, les shakers et les pelles à tarte, les médicaments, les clous, les classeurs.

C

1. un billet. **2.** une table. **3.** une chemise. **4.** des lunettes. **5.** une montre. **6.** une voiture. **7.** des chaussures.

PAGE 61

C

Le mercredi 1er avril 1998, en plein centre ville de Grenoble, sur la place du Palais de Justice, devant la statue équestre du chevalier Bayard un individu vêtu de noir a abordé poliment une petite dame d'une soixantaine d'années qui revenait du marché. Il lui a glissé rapidement dans la poche droite de son manteau une épaisse enveloppe et lui a demandé de porter cette enveloppe à Maître Barraud, avocat, voisin de palier de cette dame. Il lui a aussi demandé de lui dire que son dernier client – le frère de l'individu en noir – qui n'avait pas eu le temps de le payer avant de s'enfuir de la voiture de police qui le conduisait à la prison voulait régler ses dettes pour être en paix avec sa conscience.

PAGE 63

C

1. Elle est moins insouciante qu'elle ne l'était. **2.** Il roule moins vite qu'il ne roulait. **3.** Il se rétablit moins vite qu'il ne s'était rétabli la dernière fois. **4.** Vous êtes plus jeune que je ne le pensais / que vous ne le paraissez. **5.** Le prix était beaucoup moins élevé

que je m'y attendais / que je ne l'avais prévu.
6. Il a trouvé du travail beaucoup plus rapidement qu'il ne le pensait / que la dernière fois / qu'il ne le croyait.

PAGE 64

1. Quel est le pays que vous avez le plus / le moins envie de visiter? Quel est le pays qui vous attire le plus, le moins?
2. Quel a été votre voyage le plus aventureux, où vous avez vécu le plus / le moins d'aventures extraordinaires?
3. Quel est le voyage qui vous a marqué le plus / le moins, dont vous vous souvenez le plus / le moins?
4. De quel lieu de séjour gardez-vous des souvenirs les plus fabuleux, les plus merveilleux / les plus fantastiques / les plus inoubliables / les plus horribles / les plus traumatisants / les meilleurs souvenirs?

5. Quelle est la nationalité qui vous est apparu la plus / la moins hospitalière / la plus accueillante?
6. Où avez-vous été le mieux accueilli, le moins bien reçu?
7. Dans quel pays avez-vous rencontré le plus / le moins de problèmes pratiques / de tracasseries administratives.
8. Dans quel musée êtes-vous resté le plus longtemps / le moins longtemps / avez-vous passé le plus / le moins de temps?
9. Quel est le voyage qui a été le plus coûteux, le plus cher, le moins cher, le plus économique, quel est celui qui a eu le meilleur rapport qualité/prix quel est celui qui vous a coûté le plus/le moins cher?
10. De quel voyage êtes-vous revenu le plus chargé, le moins chargé de bagages? De quel voyage avez-vous ramené le plus / le moins de souvenirs?

CHAPITRE 4

Interrogation

PAGE 66

A

1. Oui ou non, les dauphins communiquent-ils entre-eux? **2.** Comment les castors construisent-ils des barrages? **3.** Combien de temps les ours hibernent-ils? **4.** Pourquoi les lamas crachent-ils? **5.** Oui ou non, les poissons entendent-ils? **6.** Quand et pourquoi les caméléons changent-ils de couleur? **7.** Combien les dromadaires et les chameaux ont-ils de bosses?

B

1. Quand es-tu arrivé? Combien de temps restes-tu? Où loges-tu? **2.** Etes-vous invité? Comment y allez-vous? Pourriez-vous passer me prendre? **3.** Comment s'appelle-t-il? Quel âge a-t-il? Où habite-t-il? **4.** Combien vous devons-nous? Pouvons-nous vous faire un chèque? **5.** Prenez-vous des vacances? Où allez-vous? Quand revenez-vous? **6.** Que fais-tu? Veux-tu venir à la maison? **7.** Aimez-vous les animaux? En avez-vous? Puis-je vous laisser mon chien? **8.** Es-tu convaincu? As-tu quelque chose à ajouter?

PAGE 67

• De quand date la première télécopie?
• D'où proviennent les ronflements?
• Comment marche, comment fonctionne cette machine? • Que signifie, que veut dire le mot « culture »? Comment définiriez-vous le mot « culture »? • De quoi est composé l'air / de quoi se compose l'air? • En quoi l'énergie nucléaire est-elle dangereuse? • Combien y a-t-il d'étoiles dans l'univers? • En quoi le temps influe-t-il sur l'humeur des gens? • Pourquoi la terre tremble-t-elle? • Comment explique-t-on / comment expliquer les phénomènes paranormaux? • A quoi servent les rêves? Les rêves ont-ils une fonction? une utilité? • Où va l'humanité? Que va devenir l'humanité?

PAGE 68

1. Faut-il réglementer / Est-il nécessaire de réglementer … ? **2.** Quelle est la quantité de sommeil nécessaire? Combien de temps l'homme doit-il dormir? De combien d'heures de sommeil a-t-on besoin? **3.** Quelles sont les langues parlées en France? Combien de langues parle-t-on en France? **4.** Les problèmes de l'humanité seront-ils résolus par … ? Le progrès scientifique peut-il résoudre les problèmes de l'humanité? **5.** Combien de satellites y a-t-il dans le ciel? **6.** Les médias manipulent-ils l'opinion? L'opinion publique est-elle manipulée par les médias? **7.** A quoi sert l'école? Quelle est la fonction de l'école? **8.** Quelle est la durée idéale des vacances? **9.** Faut-il /faudrait-il interdire les sectes? **10.** La sagesse s'acquiert-elle avec l'âge? Devient-on sage en vieillissant? **11.** L'enfance est-elle une période heureuse? **12.** Faut-il entraîner sa mémoire? Est-il important d'entraîner sa mémoire? **13.** Les tabous sont-ils universels? **14.** La haute couture est-elle utile/inutile? **15.** Le monstre du loch Ness existe-t-il? **16.** Y a-t-il de l'eau sur la lune?

PAGE 69

B

1. qui c'est. **2.** ce que c'est. **3.** pourquoi tu ris. **4.** comment il est. **5.** ce que vous avez fait. **6.** qui te l'a dit. **7.** si tu te maries. **8.** si vous pensez revenir et à quelle heure. **9.** où vous allez. **10.** d'où tu viens. **11.** ce que vous décidez. **12.** ce qu'il t'a raconté.

C   Dictée

1. Je me demande ce qui se passe. **2.** Je ne sais pas ce que c'est ce truc-là. **3.** On fera ce qu'il nous demandera, sans plus. **4.** Fais donc tout ce que tu veux, tout ce qui te plaira. **5.** Faites ce que je dis et ne faites pas ce que je fais. **6.** C'est tout ce que j'avais à vous dire. **7.** On ne sait pas ce qu'ils en ont pensé. **8.** Je ne sais pas si c'est ce que vous vouliez dire.

CHAPITRE 5

Négation

B

1. C'est votre affaire, ce n'est pas mon problème, ça ne me concerne pas, ça ne me regarde pas, je n'y peux rien. **2.** Ça ne va pas, il n'est pas bien, il n'est pas de bonne humeur, il ne se sent pas en forme. **3.** J'ai oublié, je ne me souviens pas, je n'ai aucun souvenir de ça. **4.** Je suis incapable de répondre à cette question, je n'y connais rien, je n'ai jamais étudié ça, je ne sais pas. **5.** Il l'a promis, il ne recommencera plus. **6.** Je suis de passage, je ne fais que passer, je ne resterai pas longtemps. **7.** Je vais réfléchir, je ne suis pas encore décidé, je ne peux pas me décider. **8.** C'est incroyable, ce n'est pas vrai, ce n'est pas possible, je n'en crois pas mes oreilles. **9.** Ce n'est pas de sa faute, cette histoire, elle n'est pas responsable, elle n'y est pour rien. **10.** J'ai trouvé facilement, je n'ai pas cherché longtemps, je n'ai eu aucune difficulté.

A

1. je n'ai aucun diplôme. **2.** je n'ai aucune imagination / je n'ai pas du tout d'imagination / pas d'imagination du tout. **3.** Elle ne parle pas du tout espagnol. **4.** la police n'a aucune piste. **5.** je ne regrette pas du tout. **6.** aucune clé ne m'a été rapportée. **7.** ils ne m'ont pas du tout convaincu(e) / pas convaincu(e) du tout. **8.** nous n'avons pas été contents du tout de l'organisation. **9.** vous n'avez aucun intérêt / vous n'avez pas du tout intérêt / pas intérêt du tout. **10.** aucune modification n'a été apportée / nous n'avons apporté aucune modification. **11.** je ne sais pas du tout pour qui je vais voter. **12.** vous n'avez commis aucune erreur. **13.** vous ne m'avez pas du tout dérangé(e) / pas dérangé(e) du tout. **14.** Ça ne m'a pas du tout plu / ça ne m'a pas plu du tout. **15.** nous ne nous sommes pas du tout ennuyés / pas ennuyés du tout. **16.** on ne m'a posé aucune question / on ne m'a pas du tout posé de questions. **17.** il ne m'inspire pas du tout. **18.** ils n'ont laissé aucune empreinte.

C

Exemples de réponses

Aucun homme politique
n'est honnête
ne peut ou n'ose dire la vérité
n'est plus fiable qu'un autre
n'est totalement sincère

Aucun journaliste
n'est totalement objectif

Aucun étudiant
ne peut se passer de distraction
n'est totalement insouciant

Aucun pays
n'est parfait
ne peut faire oublier son pays natal

Aucune religion
ne peut résoudre les problèmes sociaux
n'est totalement satisfaisante
n'est convaincante

Aucun être humain
n'est immortel
n'est infaillible

Aucune enfance
ne se passe sans larmes
n'est semblable à une autre
n'est totalement heureuse ni malheureuse

Aucune odeur
ne vaut celle de l'herbe mouillée
ne me fait rêver
n'égale le fumet d'une viande en sauce

A

1. Elle est paresseuse, elle ne fait jamais rien, elle n'entreprend jamais rien. **2.** Ils sont très sauvages, ils ne voient jamais personne, ils ne parlent à personne, ils n'invitent jamais personne. **3.** Elle est introvertie, elle ne dit rien, jamais rien, elle ne manifeste jamais aucune émotion. **4.** Il n'est pas exigeant, il ne se plaint jamais de rien, il ne demande jamais rien, il n'exige jamais rien de personne. **5.** Il est bienveillant, il ne critique jamais rien ni personne. **6.** Il est imprévoyant, il ne prévoit jamais rien, il ne prépare jamais rien d'avance. **7.** Ils sont insouciants et dépensiers, ils ne se refusent jamais rien, ils ne se privent de rien, jamais de rien. **8.** Elle est de tempérament indécis, hésitant, elle ne décide jamais rien seule.

B

1. Il a toujours été honnête, il n'a jamais triché, il n'a jamais volé. **2.** Il n'a jamais travaillé, il n'a jamais rien fait, il a toujours été rentier. **3.** Nous avons toujours passé nos vacances en France, nous ne sommes jamais allés à l'étranger. **4.** La viande m'a toujours dégoûté, je n'en ai jamais mangé, j'ai toujours été végétarien. **5.** Tout lui a toujours réussi, il n'a jamais rien raté, la vie lui a toujours souri, il a toujours eu de la chance. **6.** Je n'ai jamais aimé les cartes, je n'ai jamais joué aux cartes, je n'ai jamais eu un tempérament joueur. **7.** Je n'ai jamais été sportif(ve), je n'ai jamais aimé l'effort, je n'ai jamais fait de sport. **8.** Elle n'a jamais eu de voiture, elle n'a jamais conduit, elle a toujours eu peur de conduire. **9.** Elle n'a jamais pu rester sans rien faire, elle a toujours été active. **10.** Il n'a jamais su contrôler ses émotions, il s'est toujours mis facilement en colère, il a toujours été impulsif. **11.** J'ai toujours été un gros dormeur, je n'ai jamais pu me passer de dormir, j'ai toujours eu besoin de beaucoup de sommeil. **12.** Elle a toujours été athée, elle n'a jamais cru en Dieu. Elle n'a jamais eu aucune notion de religion.

PAGE 75

A

Lui : Je ne suis plus tout jeune.

Elle : Je n'ai que 20 ans.

Lui : Je suis grand, fort et corpulent.

Elle : Je ne mesure qu'un mètre 50. Je ne pèse pas plus lourd qu'une plume et je ne chausse que du 34.

Lui : Je suis un grand buveur. Je ne bois jamais d'eau, excepté quand Je suis malade.

Elle : Excepté les jours de fête je ne bois que de l'eau.

Lui : Hormis les bandes dessinées, Je ne lis jamais.

Elle : Je ne lis que de la littérature et de la philosophie.

Lui : J'aime la charcuterie et les viandes en sauce.

Elle : Je mange uniquement des légumes et des fruits. ce n'est qu'exceptionnellement que je picore un peu de viande.

Lui : Je me nourris souvent de conserves.

Elle : Je n'achète que des produits frais.

Lui : Je parle tout le temps, à tort et à travers.

Elle : Je ne parle que lorsque j'ai quelque chose à dire.

B

Exemples de réponses

1. … il ne reste que le couloir à peindre. **2.** … je n'en ai lu qu'une partie. **3.** … je n'en connais que quelques-unes / je ne connais que quelques toiles. **5.** … je n'en ai appris que la moitié/ je n'ai appris que les 10 premières lignes **4.** … je ne critique que la mise en scène / que la dernière partie. **5.** … nous n'avons visité que la Toscane / nous ne sommes allés qu'à Rome et Naples. **6.** … il ne manquait que 2 personnes / il n'y avait que notre cousin Gaston qui était absent. **7.** … il n'a laissé que les lits (conformément à la loi). **8.** … je ne pourrai vous rendre que la moitié / je ne vous rembourserai que partiellement. **9.** … il n'y avait qu'une poignée de députés / il ne restait que 15 députés. **10.** Je ne fais que passer.

C

1. Il ne fait pas ce qu'il ne veut pas, il ne fait que ce qu'il veut. **2.** Il ne mange pas ce qu'il n'aime pas, il ne mange que ce qu'il aime. **3.** Il ne parle pas de ce qu'il ne connaît pas, il ne parle que de ce qu'il connaît.

PAGE 76

A

• ni leur joie, ni leur peine. • ni la chaleur, ni le froid • ni oui, ni non • ni riches, ni pauvres • ni gros, ni maigres

B

• pas bonjour, ni au revoir • pas de viande, ni de poisson • ni lire, ni écrire • sans sucre, ni lait • pas de chien, ni de chat.

C

1. ni expansive, ni gaie. **2.** ni catastrophique, ni insurmontable. **3.** ni ému, ni troublé. **4.** ni poli, ni aimable. **5.** ni sérieux, ni objectif. **6.** ni logique, ni vraisemblable. **7.** ni palpitant, ni passionnant. **8.** ni reposantes, ni relaxantes. **9.** ni fantastique, ni révolutionnaire. **10.** ni trop strict, ni trop sévère.

D

1. Il m'étonne : non seulement il ne semble pas inconsolable du départ de son amie mais il n'a même pas l'air attristé. **2.** Je suis le contraire de ce que vous venez de dire : non seulement je ne suis pas un révolutionnaire mais je ne suis même pas un contestataire. **3.** Non seulement elle ne paraît pas en colère, mais elle ne semble même pas agacée, c'est étonnant. **4.** Le Ministre a annoncé que non seulement il ne se sentait pas coupable de ce qui s'était passé mais qu'il ne se sentait même pas responsable. **5.** Non seulement je ne peux pas porter un jugement sur son attitude mais je ne veux même pas en parler.

E

• C'est quelqu'un d'imprévisible. On ne sait jamais si elle va venir, ni avec qui, ni à quelle heure ; pas plus qu'on ne peut prévoir si elle sera de bonne ou de mauvaise humeur.

• C'est quelqu'un qui n'éprouve ni le besoin, ni l'envie de parler. Elle ne parle jamais d'elle, ni de sa vie, ni de son passé. Personne ne sait ni ce qu'elle fait, ni d'où elle vient ni où elle vit, ni ce qu'elle pense.

• C'est un être déshérité, sans famille, sans travail, sans revenus, sans toit. Par ailleurs ni diplôme, ni formation professionnelle.

• C'est un individu sans principes ni scrupules, qui n'éprouve jamais ni regrets ni remords et qui ne croit ni à Dieu ni à diable. C'est un être sans foi ni loi.

A

Ce n'est pas ça que j'ai dit !
Ça n'est pas ce que j'ai voulu dire !
Ce n'est pas pour ça que je t'en veux !
Ce n'est pas pour ça que je t'appelle !
Ce n'est pas ça que je vous demande !
Ce n'est pas comme ça qu'il faut faire !
Ce n'est pas comme ça qu'on doit travailler !
Ce n'est pas avec ça que tu y arriveras !
C'est pas pour ça qu'il faut faire la gueule
C'est pas comme ça qu'il faut s'y prendre !

B

1. Ce n'est pas avec le directeur que j'ai un rendez-vous, c'est avec le responsable des ressources humaines. **2.** C'est bien lundi que je pars mais ce n'est pas au Chili mais au Mexique. **3.** Ce n'est pas une fille qu'ils ont eu mais un petit garçon. **4.** Ce n'est pas moi personnellement qui vous ai fait envoyer des fleurs, c'est l'ensemble du personnel. **5.** Ce n'est pas 100 francs que tu m'as empruntés mais 200 francs ! **6.** Ce ne sont pas des cours de danois que je suis mais des cours de suédois. **7.** Ce n'est pas demain matin qu'on a rendez-vous mais après-demain matin.

A

1. Je n'ai presque rien compris. **2.** Elle n'a cherché nulle part. **3.** Je n'ai rien à ajouter. Je n'ai rien d'autre à dire. Je n'ai aucune autre idée. **4.** Je ne sais rien, on ne m'a rien raconté, personne ne m'en a parlé. **5.** Il ne lit aucun journal. **6.** Il viendra sans sa femme, ni ses enfants. **7.** Je n'ai pas du tout aimé mon dernier voyage ; je n'ai rien aimé, ni le pays, ni le climat, ni les gens. **8.** Il ne revient plus jamais (jamais plus) revoir aucun de ses amis. **9.** Il lui arrive rarement de se tromper, il ne fait presque jamais d'erreurs. **10.** Pour vivre ils n'ont que leur salaire, ils n'ont pas d'autres revenus.

B

1. Un célibataire endurci

Je suis un vieux célibataire. Je ne me suis jamais marié. Je n'étais pas du tout opposé à un mariage, non, mais je n'ai jamais aimé suffisamment une femme pour vouloir passer ma vie avec elle.

2. Une autodidacte

Je n'ai jamais appris à lire, ni à écrire, ni à compter à l'école. En effet je ne suis jamais allée à l'école, mais je sais lire, écrire et compter. J'ai tout appris toute seule.

3. Une orpheline

Je n'ai pas connu mes parents. J'étais leur premier enfant et n'avais que 6 mois lorsqu'ils sont morts. De ce fait je n'ai ni frère, ni sœur. Comme famille je n'ai guère qu'une vieille tante et un cousin lointain.

4. Un retraité

Je n'ai plus grand chose à faire de mes journées, je n'ai qu'à m'occuper de moi. Ça ne me passionne pas mais je ne m'ennuie pas non plus.

5. Une futur comédienne

Personne ne pourra m'empêcher de devenir comédienne, ni mes parents, ni leurs amis, ni mes amis. Je ne me fais pas d'illusions, ce ne sera pas facile mais rien ne m'arrêtera.

CHAPITRE 6

Passé

A

• A quelle distance de l'école était votre domicile ? Vous habitiez loin de l'école ?

• Etiez-vous dans une école privée, publique, mixte ou non ? Fréquentiez-vous un établissement privé ou public ?

• Etiez-vous pensionnaire ou externe ?

• Combien d'heures de cours par jour / par semaine aviez-vous ?

• Quel était le nombre d'élèves par classe ? Combien d'élèves par classe y avait-il ? Vous étiez combien dans une classe ?

• Quand commençait l'année scolaire ? Quelle était la date du début de l'année scolaire ?

• A quelle heure rentriez-vous chez vous ? A quelle heure se terminaient les cours ?

• Aviez-vous du travail à faire à la maison après l'école ? Aviez-vous des devoirs ?

• Portiez-vous un uniforme ? Le port de l'uniforme était-il obligatoire ?

• A quoi jouiez-vous à la récréation ? Quels étaient vos jeux pendant les récréations ?

• Vous battiez-vous avec les autres élèves ? Etiez-vous un enfant batailleur ?

• Les professeurs étaient-ils respectés des élèves ? Les respectiez-vous ?

• Les professeurs étaient-ils craints des élèves ? Aviez-vous peur de vos professeurs ?

• Les punitions (corporelles ou non) avaient-elles cours dans votre école ? Les professeurs punissaient-ils ?

• Vos parents ou les professeurs vous récompensaient-ils ? Aviez-vous des récompenses quand vous aviez bien travaillé ? Des images ? des bons points ? de l'argent ?

• Vous aimiez aller à l'école ? Aller à l'école vous plaisait ?

• Quelle était la durée des vacances d'été ? Combien de temps duraient les vacances ?

• Quelles matières préfériez-vous ? Quelles étaient vos matières préférées ?

• Y avait-il des cours de religion ? Suiviez-vous ces cours ?

• Remettait-on des prix à la fin de l'année scolaire ? Y avait-il une distribution des prix ou de diplômes à la fin de l'année scolaire ?

• Etait-il important de réussir à l'école dans votre famille ? La réussite scolaire était-elle valorisée dans votre famille ?

B

L'imparfait est utilisée pour exprimer les habitudes dans le passé.

C

Au début des années 60 la France comptait environ 46 millions d'habitants dont l'espérance de vie allait de 67 ans pour les hommes à 73 ans pour les femmes. Le taux de natalité était alors de 2,8 enfants par femme.

Les parcmètres n'existaient pas car la circulation était très fluide et les problèmes de parking inexistants. Des « hirondelles », agents de polices vêtus de capes, circulaient à vélo comme beaucoup de leurs concitoyens. A Paris, on sautait sur la plate-forme arrière des autobus, des receveurs compostaient les tickets et dans le métro les poinçonneurs poinçonnaient. Il y avait encore des locomotives à vapeur et on mettait plusieurs heures pour aller de Lyon à Paris. Le réseau routier ne comptait pas d'autoroutes mais la vitesse n'était pas limitée sur les routes.

A cette époque, on pouvait attendre jusqu'à 18 mois l'installation d'une ligne téléphonique et lorsqu'on avait la chance d'avoir le téléphone, il fallait souvent s'armer de patience pour obtenir l'opératrice et le numéro désiré. Les Français correspondaient encore beaucoup par écrit et la correspondance familiale par exemple était florissante.

PAGE 81

B

LORSQUE NOUS SOMMES ARRIVÉS POUR DÎNER CHEZ NOS AMIS AVEC TROIS HEURES DE RETARD

• ils venaient de décider d'aller se coucher.

ils venaient de se mettre à table.

• ils étaient en train de finir de dîner.

ils étaient en train de regarder la télévision.

• ils allaient se mettre à table.

• ils étaient sur le point de téléphoner à la police.

• Ils ont fait réchauffer les plats.

Ils nous ont accueillis à bras ouverts.

ils nous ont reproché notre retard.

C

1. il commençait à boire; il a commencé à boire. 2. nous pleurions; nous avons pleuré. 3. nous allions l'appeler; nous l'avons appelé. 4. je me coinçais le doigt; je me suis coincé le doigt. 5. je sortais; je suis sorti(e). 6. il avait le trac; il a eu le trac. 7. son chat miaulait; son chat a miaulé. 8. je dormais profondément; j'ai dormi profondément. 9. il plantait un arbre; il a planté un arbre.

PAGE 82

1. • tout le monde a applaudi; c'était mon anniversaire • tout le monde applaudissait parce qu'un étudiant venait de … 2. • nous courions pour attraper notre autobus • nous avons couru pour chercher du secours. 3. • il a eu une crise cardiaque et on a dû l'hospitaliser • il avait la jambe dans le plâtre depuis cinq jours. 4. • elle a été très surprise et n'y a pas cru tout de suite • elle était chez elle et travaillait. 5. • ma voiture n'était plus là • il y avait quelqu'un dans ma voiture qui essayait de la faire démarrer. 6. • tous les spectateurs chantaient et hurlaient depuis une demi-heure • tous les spectateurs ont entonné l'hymne national. 7. • ses parents se demandaient où elle était et étaient sur le point de téléphoner à la police • ses parents lui ont demandé d'où elle venait. 8. • ils ont dû sonner trois fois, nous n'avons pas entendu tout de suite car nous écoutions de la musique.

• nous devions aller faire des courses et nous allions partir; nous avons donc dû rester.

PAGE 83

XIVᵉ siècle

Le verre n'est apparu … auparavant on y mettait …

XVᵉ siècle

• Tous les livres étaient manuscrits … Gutemberg a inventé … ; • Christophe Colomb a découvert … ; les Espagnols ne savaient pas que ce continent existait.

XVIᵉ siècle

Copernic a démontré … Auparavant on croyait que c'était le soleil qui tournait …

XVIIᵉ siècle

• les horloges n'avaient … On a ajouté une aiguille … ; • L'Académie Française a publié … l'orthographe des mots n'était … ; • Les Français n'utilisaient pas de fourchette … a fait son apparition; • On a commencé à utiliser … on les fermait …

XXᵉ siècle

• La Sécurité Sociale a été créée en 1936 … les Français n'avaient pas de protection sociale … ; • Les Françaises ne votaient pas. Elles ont obtenu … et elles ont voté; … était un rêve; ce rêve est devenu réalité … ; • Le père exerçait … la mère a obtenu …

PAGE 84

A

1. je n'ai pas entendu le réveil / tu as bien dormi / j'en avais besoin 2. Comment ça s'est passé? / ça s'est bien passé / tout s'est bien terminé? / ça ne pouvait pas mieux … 3. je me suis fait voler / tu avais beaucoup d'argent? / je venais d'en retirer / tu as porté plainte? 4. il est venu / j'ai commandé / je ne savais pas ce que tu voulais / tu as pris … 5. Lucie n'est pas rentrée / elle devait / elle devait / elle a dû … 6. J'ai rencontré / il avait l'air bien / il semblait fatigué … 7. J'ai eu / ça t'est arrivé / il pleuvait, la route était glissante, j'ai freiné et je suis rentré / tu allais vite … 8. Vous n'avez pas pu venir / j'ai eu ou j'avais un empêchement / on vous a regretté. 9. J'ai vendu / tu l'as bien vendue? / elle avait

/ elle marchait / tu t'en es acheté … **10.** Vous étiez sur le point de … / j'allais …

D'après Marguerite DURAS, *Le Marin de Gibraltar.*

J'ai passé mon enfance dans un village de la frontière espagnole

On était cinq enfants, c'était moi l'aînée. Mon père tenait un café tabac. Les clients étaient toujours les mêmes, des douaniers, des contrebandiers, l'été, quelques touristes.
Une nuit,
j'avais dix neuf ans,
je suis partie pour Paris. J'y suis restée un an. Au bout d'un an j'ai eu assez de Paris je suis partie pour Marseille.
J'avais vingt ans. Je voulais travailler sur un bateau.
J'ai pris une place de barmaid sur un yacht On a mis le cap sur l'Atlantique. Quelques heures après le départ, le lendemain vers dix heures un matelot a vu sur la mer un petit point insolite. Le patron a pris des jumelles et il a vu un homme à l'avant d'un canot, il venait vers nous.
On a arrêté les machines, on a abaissé la passerelle, un matelot l'a hissé sur le pont.
Il avait soif, il était fatigué.
Puis il s'est évanoui. On l'a ranimé avec des gifles, du vinaigre, on lui a fait boire de l'alcool. Il a bu puis il s'est endormi là, sur le pont. Il a dormi huit heures. Je suis passée souvent à côté de lui, souvent.
Il était à côté du bar.
Je l'ai beaucoup regardé.
La peau de sa figure était brûlée, arrachée par le soleil, le sel, ses mains étaient à vif d'avoir ramé. Il était jeune, vingt ans. Et je crois bien qu'avant même qu'il se réveille je l'aimais déjà.
Le soir, je suis allé le retrouver dans sa cabine. J'ai allumé.
Il dormait
Il m'a reconnue, il s'est relevé et il m'a demandé si c'était pour qu'il quitte la cabine Je lui ai dit non. C'est comme ça que cela a commencé.

B

– un orphelin qui n'avait ni père ni mère / allait mendier
– elle s'appelait Mona Kerbili. Le père était pêcheur et passait / sa mère cultivait
– une dame riche, qui demeurait / et qui avait une fille / Sa fille s'appelait / et était /Jeanne était / La dame n'aimait que sa fille, à qui elle donnait tout ce qu'elle désirait / elle détestait Jeanne qui était…
– Ils n'avaient pas / et ils désiraient en avoir
– deux soldats qui étaient amis / étaient de la même commune / et on les voyait / l'un s'appelait
– trois frères, qui habitaient / leur mère qui était veuve / on entendait / on ne savait pas quelle pouvait / Personne n'osait / la veuve parlait

A

« J'ai commencé des études de droit mais, comme c'était facile – à l'époque on apprenait un aide-mémoire 15 jours avant l'examen, mais on n'allait pas au cours – j'ai fait en même temps une licence de philosophie et puis, je me suis aperçu que c'était plutôt vers la philosophie que j'allais. Alors, je suis devenu professeur de philosophie dans un lycée de province à Mont-de-Marsan. J'ai commencé à Mont-de-Marsan le 1er octobre 1932 et j'ai pris ma retraite le 1er octobre 1982 c'est-à-dire jour pour jour cinquante ans après.
Mais, le sentiment que j'allais passer ma vie à répéter un cours n'était pas possible surtout qu'en même temps j'avais un grand goût de l'aventure ; sous des formes très modestes … mais enfin, dès l'enfance j'essayais régulièrement de transformer le paysage français urbain ou rural en terre d'aventures. Avec mes camarades quand nous étions au lycée, le jeudi ou le dimanche - le jeudi c'était le jour de congé à l'époque - on partait de tel

endroit de Paris et on marchait tout droit en direction de la banlieue aussi loin que nos jambes pouvaient nous porter. Ça nous emmenait dans des aventures extraordinaires.

Donc, il s'agissait pour moi d'associer une profession qui était celle de professeur de philosophie et le goût de l'aventure.

J'ai fait savoir à mes maîtres que j'aimerais un poste à l'étranger. Ce n'était pas très recherché à l'époque. Les universitaires n'aimaient pas tellement voyager et, un beau matin le directeur de l'Ecole Normale m'a téléphoné et m'a dit « Est-ce que vous voulez partir pour le Brésil ? »

« Et je suis parti pour le Brésil ! »

D'après Claude Lévi-Strauss

B

• qu'est-ce qui l'a conduit … • a-t-il choisi d'enseigner … • a-t-il commencé … • a-t-il pris … • a-t-il abandonné … • s'est manifesté son goût … lorsqu'il était … • a-t-il fait pour … • cela lui a-t-il été facile … • est-il parti … .

PAGE 88

B

Avoir + participe passé
   j'avais prêté
   tu avais prêté
   il/elle avait prêté
   ils/elles avaient prêté
   nous avions prêté
   vous aviez prêté

être + participe passé
   j'étais parti(e)
   tu étais parti(e)
   il/elle était parti(e)
   ils/elles étaient parti(e)s
   nous étions parti(e)s
   vous étiez parti(e)s

s'être + participe passé
   je m'étais renseigné(e)
   tu t'étais renseigné(e)
   il/elle s'était renseigné(e)
   ils/elles s'étaient renseigné(e)s
   nous nous étions renseigné(e)s
   vous vous étiez renseigné(e)(s)

PAGE 89

B

• nous l'avions bien préparé • nous nous étions renseignés auprès des personnes qui y étaient allées • nous avions étudié • nous avions lu • nous n'avions pas sous-estimé • nous nous étions bien entraînés • nous nous étions fait vacciner • nous avions souscrit.

PAGE 90

A

1. ils vivaient … et ne s'étaient jamais disputés … **2.** ils se téléphonaient et ne s'étaient jamais vus … **3.** … se détestaient et ils ne s'étaient jamais parlé … **4.** Ils étaient … mais ne se connaissaient pas … n'avaient jamais vécu … et ne s'étaient jamais rencontrés. **5.** Elles prenaient … mais ne s'étaient jamais adressé la parole … **6.** Il rêvait … et ne l'avait jamais vue.

PAGE 91

A

1. J'avais débranché … **2.** Vous ne m'aviez pas donné … **3.** Vous m'aviez bien préparé(e) … **4.** Je n'avais pas promis … **5.** J'avais perdu … **6.** . J'avais très peu dormi … **7.** J'avais demandé … **8.** Personne ne m'avait averti(e) … **9.** Personne ne vous avait prévenu(e) … **10.** m'avaient empêché(e) …

B

1. Je l'avais deviné. **2.** Je t'avais averti(e). **3.** Je vous l'avais suggéré. **4.** Je te l'avais dit. **5.** La météo l'avait annoncé. **6.** Je vous avais prévenu(e)(s).

C

1. je pensais que tu étais déjà parti(e). **2.** il me semblait que tu avais compris / que mon explication avait été claire. **3.** Je croyais que vous aviez déménagé. **4.** J'étais persuadé qu'il s'était marié. **5.** Je croyais qu'on vous avait prévenu(e)(s). **6.** J'avais l'impression que je vous l'avais présenté.

PAGE 92

A

Exemple d'amplification du texte de Modiano

Place du Châtelet, *elle a changé d'avis*, elle a voulu prendre le métro. *Nous avons renvoyé le taxi.* C'était l'heure de pointe. *Je craignais de la perdre. Je l'avais déjà perdue, un jour, dans la foule.* Nous nous tenions serrés près des portières. A chaque station ceux qui descendaient nous poussaient sur le quai. *Nous nous laissions entraîner par la foule.* Puis nous remontions dans la voiture avec de nouveaux passagers. *J'étais inquiet, je ne savais pas où elle m'emmenait. Elle n'avait rien voulu me dire. Nous sommes sortis de la rame à la station et elle m'a entraîné vers la correspondance « gare du Nord » Je lui ai demandé où nous allions et pourquoi.* Elle m'a dit en souriant que « personne ne pourrait nous retrouver dans cette foule ».

A la station Gare du Nord nous avons traversé le hall de la gare, *elle courait presque, quelques pas devant moi* – et, dans la salle des consignes automatiques, elle a ouvert un casier et en a sorti une valise en cuir noir. *Elle m'a regardé et m'a souri.* La valise pesait assez lourd. Je me suis dit qu'elle contenait autre chose que des vêtements.

B

Amplification du texte de Simenon

Il était sept heures du soir. Il faisait froid et il pleuvait. Il y avait peu de passants dans la rue. Un homme étrange habillé en noir rodait autour du bâtiment. Il avait l'air mystérieux. *Il regardait sans cesse derrière lui.* On aurait dit qu'il avait peur d'être suivi. Je parlais au concierge quand il est entré. *Je lui parlais du temps qu'on annonçait pour le week-end.* Quelques minutes après j'ai entendu un coup de fusil. Nous sommes montés au premier étage. La lampe éclairait mal. Le couloir était sombre. *Il était allongé par terre*, du sang coulait de sa tempe. Nous ne savions que faire.

PAGE 93

A

1. les avoir convaincus. 2. d'y avoir participé. 3. de les avoir passés. 4. de te les avoir don-nés. 5. de vous avoir blessé(e). 6. de les avoir vues. 7. de l'avoir prise. 8. de ne pas y être allé(e). 9. n'avoir oublié personne.

B

1. de vous avoir fait attendre. 2. de ne pas m'être endormi. 3. d'avoir refusé de partir. 4. être prévenu(e). 5. de ne rien avoir entendu. 6. de m'être énervé. 7. m'être trompé de date. 8. de ne pas avoir accepté. 9. de ne l'avoir jamais rencontré. 10. de ne pas m'en être servi.

PAGE 94

B

Excusez-moi

• de vous avoir fait attendre • de ne pas vous avoir reconnu • de ne pas vous avoir répondu • de ne pas vous avoir prévenus

Merci

• de m'avoir prêté de l'argent • d'être intervenu en ma faveur • d'avoir réagi ainsi / si bien • de m'avoir si bien conseillé

Sentiments

• d'avoir participé à la préparation de la fête • de ne pas avoir pu joindre Clara • de ne pas m'être ennuyé • d'être venu • de m'être trompé d'heure et d'être arrivé en retard

(In) certitude

• de vous avoir convaincu • de m'être trompé • de vous avoir déjà raconté cette histoire • avoir compris • vous avoir déjà rencontré quelque part.

PAGE 97

A

Je passai … je distinguai … je poursuivis … je pris … j'entendis … me parut … je m'arrêtai … j'entendis … s'éteignit … qui suivit … me parut … je voulus … je ne bougeai pas … je m'éloignai … je ne prévins personne …

Un rire éclata … je fis … j'allai … je me retournai … j'entendis …

B

je suis passé … j'ai distingué … j'ai poursuivi … j'ai pris … j'ai entendu … m'a paru … je me suis arrêté … j'ai entendu … s'est éteint … qui a suivi … m'a paru … j'ai voulu … je n'ai pas bougé … je me suis éloigné … je n'ai prévenu personne.

un rire a éclaté ... j'ai fait ... je suis allé ... je me suis retourné ... j'ai entendu ...

PAGE 98

Exemples de récits de la création d'étudiants de différentes nationalités

Tim (Angleterre). – Dieu a créé l'homme et la femme un jour où il avait bu plusieurs verres de sa boisson préférée « Le fruit défendu » parce que ce jour-là il faisait froid – il neigeait – et qu'il s'ennuyait tout seul. Cette idée lui est venue subitement, il n'y avait pas pensé du tout auparavant. C'est dans une grotte qu'il a créé nos ancêtres. Il a pris des os d'animaux qui se trouvaient là et il a fabriqué un homme et une femme. Dès qu'il les a vus, il s'est exclamé « Mon dieu ! Qu'est-ce que j'ai fait ? » et il est retourné boire un verre de sa boisson préférée « Le fruit défendu »

Bill (USA). – Un jour, Dieu s'ennuyait et il a décidé de créer la Terre. C'était une bonne idée. Il a d'abord créé une planète, puis la terre, puis l'eau, puis une forêt, puis un serpent, puis une pomme, puis le soleil et la lune puis Adam et Eve qui sont arrivés en même temps.

Margarita (Brésil). – Bonjour, je m'appelle Dieu et votre professeur me dit qu'elle veut que je vous explique comment j'ai créé Adam et Eve.

Et bien voici ! Lundi et mardi j'avais créé les bêtes mais comme j'étais fatigué j'avais fait des erreurs : la girafe parlait anglais, l'éléphant français et le cheval espagnol et comme je ne parlais que portugais, je ne les comprenais pas. J'étais donc mécontent et de moi-même et de la situation. Donc, vendredi alors que tous les animaux étaient en train de préparer une fête pour le week-end au bord de la rivière, moi, je me sentais seul dans ma forêt ; j'avais envie d'un ami qui parlerait ma langue. Alors j'ai pensé à un visage comme le mien et l'image est tout de suite sortie de ma tête et je l'ai appelée Adam. Ensemble nous avons passé un bon moment à visiter le Paradis et nous sommes allés voir les bêtes. Adam m'a fait remarquer que tous les animaux formaient des couples. Je lui ai dit de penser fortement à une compagne et Eve est sortie de sa tête. Ils ont parlé un moment et ont décidé d'aller à la fête et comme il fallait qu'ils apportent quelque chose, Eve a pris quelques pommes et sont allés rejoindre les animaux. Voilà, c'est comme ça que ça s'est passé.

Naoko (Japon). – Un jour de printemps et de beau temps Dieu et ses anges coupaient les branches des arbres du Paradis, Dieu ce jour-là était un peu rêveur et comme il était dans la lune il a coupé les cheveux de ses anges et les cheveux d'ange sont tombés par terre. Alors Dieu a dit « Devenez homme ! » et les cheveux d'ange se sont transformés en homme. Dieu a tout de suite pensé qu'il avait fait une erreur, que son homme n'était pas beau. Il s'est dit qu'il créerait une deuxième créature un jour où il ne serait pas dans la lune et qu'il l'appellerait femme.

Le lendemain il a laissé ses anges finir la taille du Paradis ; il a bien réfléchi et il est allé cueillir des fleurs qu'il a assemblées joliment puis il a dit « Devenez une jolie femme ». Et les fleurs se sont transformées en femme. Dieu a été tout de suite satisfait. Dieu ne voulait pas présenter la femme à l'homme mais la femme a insisté et Dieu a cédé.

CHAPITRE 7

Formes verbales en r

A

Demain comme d'habitude, elle *se lèvera* avant son mari et ses enfants et elle *ira* préparer le petit-déjeuner puis *réveillera* ses enfants, *fera* déjeuner le bébé et *servira* son mari. Ensuite elle fera un peu de ménage, *donnera* un coup de balai (*balaiera*), *passera* l'aspirateur, *lavera* un peu de linge, *fera* un brin de toilette, *s'habillera*, *habillera* ses enfants et les *conduira* l'un à la crèche, l'autre à l'école avant de courir attraper son bus pour arriver à l'heure à son bureau où elle *tapera* le courrier de l'entreprise jusqu'à 18 heures. A 18 heures elle *se précipitera* faire ses courses et récupérer ses enfants avant de se mettre à la cuisine. Après le dîner, elle *baignera* ses enfants et les *couchera* pendant que son mari *regardera* la télévision. Puis elle *fera* la vaisselle … et le lendemain tout *recommencera*.

B

Quand elle sera allée chercher ses enfants, elle ira faire ses courses • Aussitôt qu'elle aura fait ses courses, elle rentrera chez elle • Dès qu'elle sera rentrée, elle préparera le repas du soir • Quand le repas sera prêt, ils dîneront • Dès qu'ils auront fini de dîner, elle ira baigner ses enfants et quand elle aura couché ses enfants, elle fera la vaisselle. • Quand elle aura fini sa journée, elle aura peut-être quelques minutes à consacrer à son cher époux.

A

1. dès que j'en *aurai parlé* à mes associés. 2. dès que nous *nous serons décidés*. 3. dès qu'il *aura passé* son examen. 4. dès que vous *aurez choisi*. 5. quand vous *vous serez lavé* les mains ! 6. que lorsque tu *auras mangé* toute ta viande. 7. aussitôt que la pluie *aura cessé*. 8. dès que nous *nous serons expliqués*. 9. quand on *sera arrivé*. 10. quand tu *te seras reposé(e)*. 11. quand tu l'*auras vu*. 12. quand je l'*aurai comprise*.

B

REVE D'ENFANT

Quand je serai grand … je travaillerai … ; Quand j'aurai gagné … je m'achèterai … et je ferai le tour du monde.

PROMESSE

Dès que je serai arrivé … je te téléphonerai … je passerai … aussitôt que j'aurai défait mes valises.

MENACE

Tant que vous n'aurez pas dit … vous ne sortirez pas …

INSTRUCTION

Quand vous aurez rappelé … il vous aura donné … vous me préviendrez immédiatement.

ESPOIR

tout ira bien : il aura fait … il se sera habitué … et il se sera fait des amis.

A

Demande courtoise : 1. Tu aurais … ? 2. Vous auriez … ? 3. Vous serait-il … ? 4. quelqu'un saurait … ? 5. Qui serait … ? 6. Accepteriez-vous … ? 7. Ça te dérangerait … ? 8. Auriez-vous … ?

Ordre atténué : 1. Voudriez-vous … ! 2. Est-ce que tu pourrais … ? 3. Ça t'ennuierait … ? 4. Vous seriez …

Conseil : 1. Tu devrais … 2. Vous ne devriez pas … 3. Il vaudrait mieux … 4. Tu ferais mieux …

Suggestion, proposition : 1. Nous pourrions … ? 2. Ça te plairait … ? 3. Vous n'auriez pas envie de … ? 4. On pourrait … ? 5. On n'irait pas … ? Ça nous ferait … ! 6. On ne lui ferait pas … ?

B

Conseil : 3. Si on prenait une autre route ? Pourquoi ne prendrait-on pas une autre route ?

Si tu changeais de travail
4. Pourquoi ne changerais-tu pas de travail ?
Suggestion, proposition : 1. Et si nous nous revoyions
Pourquoi ne nous reverrions-nous pas ?
2. Si je t'emmenais à Venise
Pourquoi ne t'emmènerais-je pas... ?
3. Si on jouait aux cartes
Pourquoi ne jouerions-nous pas ... ?
4. Si on se disait « tu »
Pourquoi ne se dirait-on pas « tu » ?
5. Si on allait faire un tour
Pourquoi n'irait-on pas faire un tour ?
6. Si on lui faisait une surprise
Pourquoi ne lui ferait-on pas une surprise ?

PAGE 106

B

• Vous n'auriez pas trouvé un portefeuille ?
• Vous n'auriez pas vu passer un individu étrange ?
• Tu n'aurais pas laissé la porte de la voiture ouverte ?
• Vous n'auriez pas oublié d'éteindre l'ordinateur ?
• Tu ne te serais pas trompé de clés ? Tu n'aurais pas pris les miennes ?
• Vous n'auriez pas fait une erreur dans votre calcul ? Vous ne vous seriez pas trompé ?

PAGE 107

A

Je pourrais	j'aurais pu
Il faudrait	il aurait fallu
Il vaudrait mieux	il aurait mieux valu
Je ferais mieux de	j'aurais mieux fait de
Je voudrais	j'aurais voulu
J'aimerais	j'aurais aimé
Je souhaiterais	J'aurais souhaité
Je serais prêt à	J'aurais été prêt à
Ça me plairait de	Ça m'aurait plu de
Ça m'intéresserait de	Ça m'aurait intéressé de
Ça me serait facile de	Ça m'aurait été facile de
Ça me ferait plaisir de	Ça m'aurait fait plaisir de
Ça me serait égal de	Ça m'aurait été égal de

B

1. ... j'aurais aimé partir. **2.** ... il aurait pu réussir. **3.** ... ça l'aurait intéressé de ... **4.** ...

nous aurions dû le faire. **5.** ... il aurait fallu réserver ! **6.** ... j'aurais dû le lui rappeler. **7.** ... j'aurais aimé être photographe. **8.** ... ça nous aurait fait plaisir d'être invités.

C

1. ... il devrait moins boire, ... il ne devrait pas boire autant • il n'aurait pas dû boire autant. **2.** ... Nous ferions mieux d'aller à la pêche • Nous aurions mieux fait d'aller à la pêche. **3.** ... il faudrait réserver • il aurait fallu réserver.

PAGE 108

A

• Elle aurait fait la vaisselle. • Je l'aurais aidée à l'essuyer • Il y aurait eu une toile cirée ... il y aurait eu un abat-jour. • Elle aurait essuyé la table. • je serais allé chercher mon cartable. • j'aurais sorti mon livre, mes cahiers et mon plumier en bois. • Je les aurais posés sur la table. • j'aurais fait mes devoirs. • J'aurais pris mon cahier de poésies. • J'aurais lu et appris un poème. • J'aurais demandé à ma mère de me le faire réciter. • Elle se serait essuyé les mains dans son tablier. • Elle se serait assise près de moi. • elle m'aurait fait réciter mon poème.

PAGE 109

A

> Le conditionnel est utilisé pour exprimer des informations non confirmées, incertaines, dont la vérité n'est pas garantie. La Presse en fait fréquemment usage.

B

TOXICOMANIE. – En 1996, l'Observatoire Géopolitique des Drogues a étudié le marché européen des stupéfiants. Dans chacun des grands pays européens (Allemagne, Espagne, France, Grande-Bretagne, Italie), 350 000 à 500 000 personnes *auraient consommé* au moins une fois de la cocaïne. Il *y aurait eu* en France environ 350 000 consommateurs de cette drogue. Il semble, d'après cette étude, que les cocaïnomanes aient été cette année-là moins nombreux dans l'Hexagone qu'en Espagne ou en Grande-Bretagne.

CHAPITRE 8

Actif, passif, nominalisation

PAGE 111

A

• a été enlevée • ont été inaugurés • ont été retrouvés • ont été interpellés • ont été plantés et arrachés • ont été échangés • ont été renversées • ont été vendus et mangés • ont été distribuées, ouvertes et lues • ont été prononcés, n'ont pas été entendus.

PAGE 112

Le passif permet ici de **mettre en relief** le sujet, la victime du conflit : Anaïs. Un autre **point de vue** pourrait mettre en évidence l'auteur de la décision : La justice arrache /rend Anaïs à … ou Les magistrats arrachent/rendent …

PAGE 113

B

1. j'ai été promu(e) … 2. je n'ai pas été suivi … 3. Nous avons été battu(e)s … 4. Nous avons été convaincu(e)s … 5. Nous y avons été contraint(e)s … 6. Il a été traduit … 7. J'ai été mordu(e) … 8. Il a été exclu … 9. J'ai été élu(e) … 10. J'ai été retenu(e) … 11. Nous avons été secouru(e)s … 12. J'ai été conquis(e) …

C

1. Avez-vous déjà été grondé(e) ou puni (e) par vos parents ? 2. Avez-vous déjà été cambriolé(e) ou dévalisé(e) ? 3. Avez-vous déjà été arrêté(e) ou poursuivi(e) par la police ? 4. Avez-vous déjà été piqué(e) ou mordu(e) par un animal ? 5. Avez-vous déjà été renversé(e) ou heurté(e) par une voiture ? 6. Avez-vous déjà été hospitalisé(e) ou opéré(e) ?

PAGE 114

1. Sous quel roi /sous le règne de quel roi et dans quel but a été fondée l'Académie Française ? 2. Où / à quel emplacement et sous quel roi a été construit le Château de Versailles ? 3. Par qui et en quelle année la prison de La Bastille a-t-elle été prise / assaillie et détruite ? 4. Par qui, en quelle année et dans quel but la Croix Rouge a-t-elle été fondée ? 5. Pourquoi et quand le Canal de Suez a-t-il été construit ? 6. A l'occasion de quel événement la Tour Eiffel a-t-elle été inaugurée ? 7. Quand et pourquoi l'organisation des Nations Unies a-t-elle été créée ? 8. En quelle année la Sécurité Sociale a-t-elle été mise en place ? 9. Depuis quand le président de la République française est-il régulièrement élu au suffrage universel ?

PAGE 115

B

• Le Palais de l'Elysée a été cambriolé …
On a cambriolé l'Elysée. Qui ? Mystère !
• Les jupes courtes ont été interdites …
Le Ministre de l'intérieur a interdit …
• Un trésor a été découvert …
Des ouvriers ont découvert …
• Le pont du Gard a été transféré …
Des archéologues ont transféré …
• Le TGV a été détourné …
Un groupe de terroristes a détourné …
• La circulation a été interdite …
Le préfet de Paris a interdit …
• Le gène de la bêtise a été découvert …
Un chercheur a découvert …
• La grotte de Lascaux a été réouverte …
La municipalité a réouvert la grotte …
• Un vaccin … a été mis au point …
Un neurologue a mis au point …
• Les impôts … ont été supprimés …
Le gouvernement a supprimé …
• Un réveil … a été lancé sur le marché …
Une firme britannique a lancé …

C

Exemples de réponses

• Les jupes courtes ont été interdites pour relancer la vente des tissus.

• Le ministre de l'intérieur a interdit les jupes courtes pour des raison de sécurité.

• Un trésor a été découvert sous un des autels de Notre Dame de Paris à l'occasion de travaux.

• Un enfant de chœur a découvert un trésor sous un autel de Notre Dame en cherchant à récupérer les pièces de monnaie de la quête qui avaient glissé dans un trou sous l'autel.

• Le pont du Gard a été transféré à Avignon pendant la durée du festival pour servir de décor à un grand spectacle.

• Une équipe de techniciens germano-anglais ont transféré le Pont du Gard à Avignon à la suite d'un pari avec un groupe de techniciens italo-français. La nuit suivante le groupe de techniciens italo-français a transféré le pont d'Avignon sur le Gard.

• Un réveil qui endort vient d'être lancé sur le marché en Angleterre. Ce réveil diffuse pour vous endormir des sons relaxants : bruit d'eau de rivière, de cascade, de mer et, le matin, vous êtes réveillé par le chant des oiseaux **(nouvelle vraie)**.

PAGE 116

SPORT : ~~Compétition Départ Arrivée~~ MONU-MENTS ~~Coût~~ POLITIQUE ~~Discours~~ MEDE-CINE ~~Médicament~~ CINEMA ~~Festival Scénario Acteurs Collaboration~~ FAITS DIVERS ~~Tapage nocturne Disparition~~ ART ~~Beauté~~

PAGE 117

A

Evasion en direct : avait été averti,
Disparition : avait déjà été bien entamé.
La police britannique a la dent dure : qui avait été surprise en train de

C

**Dénouements
des deux premiers faits divers.**
FRANCE • Un cambrioleur qui s'était intro-duit dans un appartement situé au premier étage d'un petit immeuble du centre de Lyon a été surpris par le retour inopiné du proprié-taire. Il a sauté par la fenêtre et a atterri dans la cour d'un commissariat de police !

LONDRES • Un britannique a passé plus de 24 heures coincé sous son piano qui s'était écroulé sur lui, avant d'être secouru grâce au coup de fil d'un ami sur son téléphone por-table et au sang-froid de son fils de deux ans resté à ses côtés. Il a été hospitalisé pour des blessures aux jambes et au dos.

PAGE 118

A
2. Les mesures qui avaient été décidées n'ont jamais été appliquées. **3.** Les consignes de vote qui avaient été données ont été suivies. **4.** Le matériel qui avait été commandé a été livré en temps voulu. **5.** La voiture qui avait été accidentée a été réparée rapidement. **6.** Les bijoux qui avaient été volés n'ont jamais été retrouvés. **7.** Un immeuble qui avait été détruit n'a pas été reconstruit. **8.** Une boîte de nuit qui avait été fermée pour tapage nocturne n'a jamais été réouverte.

B
1. L'élève qui avait été renvoyé du lycée n'a pas encore été réintégré. Il sera probable-ment exclu définitivement. **2.** L'idée qui avait été lancée n'a pas été retenue. Elle sera peut-être reprise plus tard. **3.** La conférence qui avait été annoncée puis annulée sera sans doute reportée. **4.** Les candidats qui avaient été sélectionnés ont été auditionnés. Ils seront avertis par courrier des résultats un peu plus tard.

C

• Trois spéléologues grenoblois qui s'étaient égarés ... après avoir perdu ..., ont été retrouvés sains et saufs par les sauveteurs. Ceux-ci avaient entamé ...

• Une tortue géante ... a été retrouvée ... Elle s'était échouée la veille ... mais avait été remise à l'eau.

PAGE 119

Exemples de réponses
3. La nouvelle salle des antiquités égyp-tiennes du musée *a été inaugurée par* le ministre de la Culture *en présence du* maire de la ville. **4.** Un nouveau-né âgé de quelques

heures *a été découvert*, mercredi 31 décembre, dans les poubelles d'un immeuble, dans la banlieue de Lyon, par le gardien de l'habitation. Le bébé, une petite fille, était chaudement vêtu et paraissait en bonne santé. **5.** Le Ghanéen Kofi ANNAM *serait peut-être élu au poste de* secrétaire général de l'ONU. **6.** *La création* de 40 000 emplois jeunes *a été annoncée par* le premier ministre. **7.** Plusieurs dizaines d'hectares dans l'arrière pays niçois *ont été détruits à la suite d'*un incendie criminel. **8.** *La meilleure* BD scolaire *sera récompensée par* un voyage de 8 jours dans une capitale européenne. **9.** Trois établissements scolaires de la banlieue parisienne *ont été choisis pour expérimenter* un dispositif contre la violence scolaire à l'école. **10.** *La décision de* construire deux nouvelles pistes à l'aéroport de Roissy-Charles de Gaulle, *à laquelle s'était opposé* le ministre de l'Environnement, *a finalement été prise par* le ministre des Transports. **11.** Trois frères et sœurs *qui s'étaient perdus ont été retrouvés* sains et saufs quelques heures plus tard dans une forêt voisine où ils étaient en train de construire une cabane. **12.** *La plainte d'*un habitant *qui demandait des dommages-intérêts pour* la gêne que lui causaient les poules de son voisin *a été rejetée par* le Tribunal. **13.** Les routiers français qui avaient bloqué hier une partie des routes ont obtenu quelques garanties de la part du gouvernement. *Le mot d'ordre de grève devrait donc être levé.*

PAGE 120

A

1. Je viens de me faire piquer mon portefeuille. **2.** Je viens de me faire coller à un examen. **3.** Je viens de me faire rouler par un escroc. **4.** Nous venons de nous faire siffler et huer par le public. **5.** J'ai peur de me faire licencier. **6.** Je me demande pourquoi je me suis fait de me faire agresser. **7.** Une fois de plus je viens de me faire arrêter par la police. **8.** C'est la première fois qu'on me prend la main dans le sac. **9.** Fais attention de ne pas te faire renverser par une voiture.

C

Le vin blanc se boit frais : *Vrai*

Les fourchettes se mettent à droite et les couteaux à gauche : *Faux*

Un verre de vin ne se vide pas d'un trait : *Vrai*

La salade se coupe avec un couteau : *Faux*

On ne se sert pas soi-même d'un plat lorsqu'on est invité : *Vrai*

Les timbres se vendent dans les bureaux de tabac en France : *Vrai*

Les voitures se vendent mieux en plein hiver qu'au printemps : *Faux*

Les déclarations d'impôts se font deux fois par an : *Faux*

La vengeance est un plat qui se mange froid (proverbe) : *Vrai* ou *Faux*, à vous de juger

Les huîtres se mangent crues ou cuites : *Vrai*

CHAPITRE 9

Discours rapporté

B

Meursault : Ça m'est égal, si tu veux. Nous ferons ce que tu voudras.

Marie : Mais, tu m'aimes ou non ?

Meursault : Aimer, cela ne signifie rien mais je ne t'aime pas, sans doute.

Marie : Pourquoi m'épouser alors ?

Meursault : Si tu le désires, nous pouvons nous marier.

Marie : Le mariage est une chose grave.

Meursault : Non

Marie : Je veux me marier avec toi.

Meursault : Nous le ferons dès que tu le voudras.

A

1. Elle m'a promis qu'elle allait voir, qu'elle allait réfléchir. 2. Il m'a répondu que ça ne faisait rien, que ça n'avait pas d'importance. 3. Il m'a répété qu'il était désolé(e), qu'il ne savait pas. 4. Il nous a dit que ça lui avait fait plaisir de me voir, qu'il avait été heureux de me rencontrer. 5. Tout le monde m'a dit que j'avais bonne mine, que j'avais l'air en forme. 6. Elle a prétendu qu'elle ne s'en souvenait plus, qu'elle avait oublié. 7. Il nous a fait remarquer qu'il n'était pas libre, qu'il avait du travail. 8. Il a reconnu qu'il avait eu tort. 9. Elle m'a fait savoir qu'on verrait plus tard, qu'on s'en occuperait quand on aurait le temps.

B

1. Elle a voulu savoir si ça me convenait, si ça me plaisait. 2. Elle m'a demandé si elle pouvait payer en deux fois, si ça ne me dérangeait pas. 3. Il a cherché à savoir ce qu'on avait fait hier soir, où j'étais allé. 4. Ils m'ont demandé si j'étais au courant, si je savais ce qui se passait. 5. Elle a voulu savoir si j'avais fini, si je serais bientôt prêt. 6. Ils m'ont interrogé pour savoir si je savais qui c'était, si je le connaissais. 7. Le professeur a voulu savoir si je comprenais, si ça me semblait clair. 8. Mon père m'a demandé où j'allais, s'il pouvait m'accompagner.

A

1. Il m'a conseillé de suivre la route et de prendre la première à droite. 2. Elle m'a demandé de ne rien dire, de ne pas parler. 3. Il m'a invité à m'asseoir, à m'installer, à me mettre à l'aise. 4. Je l'ai supplié de ralentir, de ne pas rouler si vite. 5. Il m'a dit de ne pas m'inquiéter, de ne pas avoir peur. 6. Elle m'a rappelé de prévenir tout le monde, de ne pas oublier de le faire. 7. Il m'a répété de faire attention, de bien faire attention. 8. Il m'a supplié de le croire, de lui faire confiance. 9. Elle m'a demandé de me dépêcher, de ne pas la faire attendre.

B

1. Le gardien a interdit aux enfants de jouer sur la pelouse. 2. Le Préfet a autorisé les syndicats à manifester. 3. Le propriétaire a permis aux locataires d'abattre une cloison. 4. Le médecin a prescrit au patient de prendre du repos. 5. Le dentiste a supplié son client de ne pas crier. 6. Le professeur a prié les élèves de se taire. 7. Le président a suggéré au premier ministre de démissionner. 8. Le copilote a conseillé au pilote de ralentir. 9. L'hôtesse a recommandé aux voyageurs de boucler leur ceinture. 10. Les supporters ont encouragé les joueurs à continuer la partie.

1. Son directeur l'a félicité d'avoir conclu ce marché. 2. Son père a refusé catégoriquement qu'il sorte encore ce soir. 3. L'automobiliste a supplié l'agent d'être

compréhensif. **4.** Ils m'ont annoncé qu'ils allaient se marier. **5.** Il a reconnu qu'il avait tort. **6.** La police nous a interdit de passer. **7.** Le ministre a refusé de faire une déclaration. **8.** Le professeur a menacé d'arrêter son cours si les élèves continuaient à parler. **9.** Mes amis m'ont souhaité bon voyage. **10.** Son médecin l'a rassuré sur son état et lui a expliqué qu'il ne fallait pas qu'il s'inquiète. **11.** Mon pharmacien m'a déconseillé de prendre autant d'aspirine. Il m'a recommandé de faire attention. Il m'a mis en garde contre les abus. **12.** Les participants se sont plaints que le colloque était vraiment mal organisé. **13.** Un ami italien m'a expliqué comment cuire les pâtes. **14.** Le serveur m'a recommandé/conseillé le plat du jour qui selon lui était parfait. **15.** Notre agence de voyage nous a déconseillé de partir à cette période. **16.** Mon professeur de dessin m'a assuré que je pouvais réussir le concours, que j'avais le niveau. **17.** On m'a reproché de n'avoir rien dit, de ne pas être intervenu. **18.** Le premier ministre a accepté de recevoir la délégation.

PAGE 128

2. LN raconte : « Je lui ai proposé d'aller dîner. Je lui ai demandé en riant s'il m'invitait. Il m'a répondu qu'il fallait qu'il compte ses sous. » **3.** Le comte rapporte sa courte entrevue à la marquise : « Quand j'ai annoncé que je m'en allais. Elle a voulu savoir où j'allais. Je lui ai répondu que je n'en savais rien. » **4.** La comtesse raconte : « J'ai proposé au marquis de venir avec moi mais il a refusé de sortir et a prétexté qu'il attendait quelqu'un avec qui il avait à parler. » **5.** Jan témoigne : « La femme m'a demandé si j'avais une pièce d'identité. Je lui ai répondu que oui et je lui ai proposé de la lui montrer. Elle m'a dit que ce n'était pas la peine et a ajouté qu'il suffisait qu'elle indique si c'était un passeport ou une carte d'identité. Je lui ai dit que c'était un passeport et lui ai demandé si elle voulait le voir. » **6.** L'architecte fait part de sa conversation avec Dany : « J'ai voulu savoir si Dany était consciente des dangers qui la guettaient. Elle m'a répondu nettement que oui et a précisé que personne n'était mieux placée qu'elle pour le savoir. Je lui ai alors demandé si elle assumait les risques et elle m'a assuré qu'elle les assumait. » **7.** Béranger évoque sa rencontre avec l'architecte : « J'ai murmuré à l'architecte que j'avais froid et que c'était l'émotion. Il a ajouté que c'était le froid et m'a suggéré de mettre mon pardessus sinon j'allais m'enrhumer. » **8.** La Reine Marguerite raconte au médecin du roi : « Marie m'a supplié plusieurs fois de ne rien lui dire mais je lui ai demandé de me laisser faire. » **9.** L'employé raconte : « L'huissier m'a interpellé pour me demander ce que je désirais. Je lui ai expliqué que je voulais un autographe et que j'avais un stylo mais lui, il n'a rien voulu entendre. Il m'a ordonné de filer. » **10.** Alarica se confie à un ami : « Je lui ai avoué qu'il était étrange et qu'il n'était plus le même et puis timidement je lui ai demandé si je lui avais déplu. Et lui, d'un ton sec, il m'a répondu que je l'agaçais. »

B

11. Le président raconte à sa femme : « Lorsque j'attendais Florence, j'ai rencontré un jeune homme qui m'a appris qu'il s'appelait Jérôme et qu'il était son fiancé. À ma grande surprise il m'a annoncé qu'il allait se marier, que les bans étaient publiés. Je l'ai félicité et l'ai assuré qu'il épousait la plus charmante des femmes qui existait. »

PAGE 129

A

Exemples de réponse

La jeune infirmière a demandé à sa collègue ce qu'elle avait fait la veille. Celle-ci lui a répondu qu'elle n'avait rien fait de spécial, qu'elle s'était couchée tôt, parce que la veille elle était de garde.

Pierre a demandé à son ami Jean s'ils ne s'étaient pas trompés de route et s'ils n'auraient pas dû prendre le chemin de droite. Jean lui a répondu que c'était possible mais que cela n'avait pas beaucoup d'importance. Le surveillant vient de demander à la jeune fille d'ouvrir son sac. Elle a d'abord refusé en prétextant qu'elle venait de l'ouvrir devant un autre contrôleur. Mais comme il insistait, elle a accepté de l'ouvrir.

La jeune fille vient de demander au vigile où se trouvait la salle des ordinateurs et comme il ne savait pas où elle se trouvait, il lui a proposé de la chercher avec elle.

B

« Vous pouvez me dire qui vous a parlé ce matin ? Qui vous a dit quoi ?

– Vous voulez savoir ce qui m'a été dit aujourd'hui ? Bon, alors…, alors… ce matin à la maison d'abord ma fille m'a téléphoné pour me demander si j'avais bien reçu le paquet qu'elle m'avait envoyé. Puis… des amis m'ont appelée pour me dire quand ils passeraient nous voir. Après… c'était mon mari qui m'a dit qu'il rentrerait tard et m'a demandé de lui laisser quelque chose au frigo. Et puis… à la Fac … alors … à la Fac … Ben, bien sûr, plusieurs personnes m'ont dit bonjour et m'ont demandé comment ça allait… Quelqu'un m'a dit que j'avais l'air en forme et quelqu'un d'autre que j'avais pas l'air en forme… Ensuite une amie m'a demandé si je m'étais fait couper les cheveux. Un collègue m'a dit qu'il me rendrait sans tarder le bouquin que je lui avais prêté. Et puis un autre collègue m'a rappelé qu'on avait un rendez-vous de travail la semaine prochaine… Ensuite…, ensuite…, ensuite… une amie m'a annoncé qu'elle allait se remarier et puis des étudiants m'ont demandé si je ne pouvais pas déplacer un cours et… un copain m'a demandé ce qu'on faisait ce soir et quelqu'un m'a dit qu'il m'avait vu la veille au cinéma et m'a demandé si j'avais aimé le film. Ça vous suffit ?

Oui, oui, ça va. »

Réponses au questionnaire

Quelqu'un lui a dit qu'elle avait l'air en forme : *Vrai*

Sa fille a téléphoné pour lui demander de ses nouvelles : *Faux*

Quelqu'un lui a conseillé d'aller chez le coiffeur : *Faux*

Des amis lui ont téléphoné qu'ils passeraient chez elle le week-end suivant : *Faux*

Un collègue lui a rappelé qu'ils avaient un rendez-vous de travail la semaine prochaine : *Vrai*

Une amie lui a annoncé qu'elle s'était mariée : *Faux*

Son mari l'a prévenue qu'il rentrerait très tard : *Vrai*

Quelqu'un lui a proposé d'aller au cinéma : *Faux*

CHAPITRE 10

Constructions relatives

1. Ecoute ce disque que je viens d'acheter et que je trouve excellent. 2. Désolé de ce départ qui n'était pas prévu et que nous regrettons. 3. Tu as gagné un jeu vidéo que tu ne connais pas et qui va t'amuser. 4. On te donnera l'adresse d'un hôtel que nous avons trouvé par hasard et qui nous a plu. 5. Nos voisins ont un chien jaune que tout le monde trouve affreux et qui en plus mord et aboie. 6. Essaie cette veste que je viens d'acheter et qui est trop petite pour moi. 7. Le gouvernement prépare une réforme qui n'est pas populaire et qu'il faudra imposer. 8. Nous avons dîné dans un bon petit restaurant qui vient d'ouvrir et que nous voulions connaître. 9. C'est un film divertissant qui est très bien joué et que j'irai revoir. 10. Goûte ces chocolats qui sont délicieux et que l'on ne trouve qu'en Suisse.

A

1. de quelqu'un que personne n'aime. 2. de quelqu'un qui n'aime personne. 3. de quelqu'un qui vend son âme au diable. 4. de quelqu'un que son propre fils tue. 5. de quelqu'un qui cherche en vain un trésor. 6. de quelqu'un que ses proches dépouillent de ses biens. 7. d'un roi qui devient fou. 8. d'un tour du monde qui dure 80 jours. 9. d'une marionnette qui devient un petit garçon. 10. d'une femme terrible que son mari réussit à dompter. 11. d'une princesse que son père veut marier à quelqu'un qu'elle n'aime pas. 12. d'une princesse que la femme de son père veut tuer. 13. de deux personnes que la vie réunit après une longue séparation. 14. d'un enfant que ses parents abandonnent par amour. 15. d'un être paisible que le destin pousse à devenir criminel. 16. d'une petite fille qui est habillé en rouge et que le loup voudrait dévorer. 17. d'un gangster qu'un policier veut remettre dans le droit chemin. 18. d'un pays que tout le monde veut quitter. 19. d'une ville qui est sauvée par un enfant. 20. d'un royaume qui est dirigé par un animal.

A

1. parloir : vrai. 2. boudoir : vrai, c'est une « petite pièce élégante où la maîtresse de maison peut se retirer en « boudant la compagnie » ou s'entretenir avec des intimes. ». 3. dortoir : vrai. 4. fumoir : vrai. 5. saloir : vrai. 6. cellier : faux, c'est une « pièce fraîche où l'on conserve vin et denrées ». 7. vestiaire : vrai. 8. dressoir : faux, c'est un « meuble destiné à présenter de la vaisselle dressée contre la paroi ». 9. porcherie : vrai. 10. lingerie : vrai. 11. grenier : vrai. 12. salle de réanimation : faux, c'est une salle dans un hôpital ou une clinique où l'on surveille le réveil des patients qui ont été opérés. 13. garçonnière : faux, c'est le « logement d'un homme célibataire. » 14. alcôve : faux, c'est un « renfoncement de chambre où l'on place le lit. » 15. cagibi : faux, c'est une « pièce de dimensions étroites. »

D'après les dictionnaires ROBERT.

B

1. J'ai perdu la feuille sur laquelle j'avais noté ton numéro de téléphone. 2. Cherche dans le tiroir dans lequel je range mes papiers ! 3. Je ne trouve plus le livre dans lequel j'avais glissé ta lettre. 4. Ils ont coupé l'arbre sur lequel nous avions gravé nos deux noms. 5. Nous avons dans le jardin deux cerisiers sur lesquels il n'y a jamais une seule cerise. 6. Ferme bien le placard dans lequel nous avons caché l'argent. 7. J'ai acheté des chaussures dans lesquelles je suis comme dans des chaussons.

PAGE 136

B

1. avoir peur de. **2.** se fatiguer de. **3.** rire de. **4.** se consoler de. **5.** parler de. **6.** se souvenir de. **7.** s'occuper de. **8.** manquer de. **9.** rêver de. **10.** être privé de. **11.** être certain de. **12.** devenir esclave de. **13.** avoir envie de. **14.** avoir honte de. **15.** se plaindre de. **16.** se servir de. **17.** être fou de.

PAGE 137

B

1. le pays dont vous appréciez particulièrement la cuisine? **2.** un animal dont vous détestez le cri? **3.** les voitures dont vous aimez la ligne? **4.** une profession dont vous trouvez l'uniforme magnifique? **5.** des livres dont vous n'avez lu que les premières pages? **6.** une chaîne de télévision dont vous regardez souvent les émissions? **7.** les pays européens dont vous pouvez citer la capitale? **8.** l'aliment dont vous n'aimez pas le goût?

PAGE 138

A

Exemples de réponses

1. quelqu'un dont la personnalité et le caractère m'attirent/dont la vie est passionnante/dont les aventures font l'objet d'une émission télévisée … **2.** un roman dont l'originalité ne fait pas de doute/dont l'auteur est totalement inconnu/dont le style et le sujet sont très originaux … **3.** des amis dont les goûts et les activités sont très proches des miens/dont les idées m'étonnent parfois …

B

Je suis à ma table de travail. Je suis dans *une pièce* dont le plafond est très haut et dont les murs sont peints en blanc. Je suis assis sur *une chaise* dont *le dossier* et *les accoudoirs* sont en bois et *le siège* en paille. J'ai devant moi une machine à écrire dont *le « L » majuscule* ne marche plus. Sur le mur en face de moi trône une horloge ronde dont *la grande aiguille* marque 10 heures 10. A ma gauche, sur un canapé dont *le tissu* est déchiré somnole un chat noir dont *le ronronnement* me charme. Par la fenêtre je vois le ciel dont *la couleur* est en train de changer, et les montagnes dont *les sommets* sont enneigés.

Je réfléchis. Je suis en train d'écrire un roman policier dont *l'action* se passe en Italie et dont *le héros* est un détective amateur d'opéra. Ce roman dont je ne connais pas encore *le dénouement* m'a été inspiré par une personnalité dont je ne peux dévoiler *l'identité* et dont *le visage* est connu de beaucoup de lecteurs de la presse à scandales.

PAGE 139

B

1. impossible : 3 étant le total, il ne peut être une partie. **2.** possible : un des enfants est une fille. **3.** impossible : l'Europe n'est pas un pays mais un continent. **4.** possible : parmi les pays qu'il connaît, il y a le mien. **5.** possible : une des paires de lunettes est une paire de soleil. **6.** impossible : il y a contradiction. Si deux ministres sont communistes, ils ne sont pas au parti socialiste. **7.** possible, malheureusement !

PAGE 140

B

1. Il parle huit langues dont le chinois et le japonais. **2.** 3 000 espèces de serpents dont 300 sont dangereuses. **3.** un groupe de 10 jeunes dont 5 avaient moins de 15 ans a été interrogé. **4.** Quinze blessés dont deux sont dans un état grave. **5.** Trois cosmonautes dont un Français sont partis pour une station orbitale. **6.** Plusieurs facteurs, dont le chômage, expliquent le mal être des jeunes des banlieues.

PAGE 141

A

2. C'est un élément de meuble *qui* entre et *qui* sort du meuble et *dans lequel* on peut ranger des objets : le tiroir.

3. C'est un type d'habitation *que* l'on trouve surtout dans les jardins et *dans laquelle* les humains n'entrent pas : une niche.

4. C'est un récipient *que* l'on trouve dans une salle de bains et *dans lequel* on peut s'allonger ; une baignoire.

5. C'est un document officiel *sans lequel* vous n'avez pas d'existence légale : une carte d'identité.

6. C'est une ouverture *par laquelle* on rentre chez soi exceptionnellement : une fenêtre

7. C'est un monument américain *que* tout le monde connaît et *devant laquelle* on passe quand on arrive à New York en bateau : la statue de la liberté.

8. C'est l'astre *qui* nous éclaire et *autour duquel* tourne la terre : le soleil.

9. C'est un jeu *auquel* on joue à 13 ou 15 : le rugby.

10. C'est un phénomène naturel *auquel* personne ne peut échapper et *dont* beaucoup de gens ont peur : la mort.

11. C'est un alphabet *grâce auquel* les aveugles peuvent lire : le braille

12. Ce sont des parties du corps *autour desquelles* on peut mettre des bijoux : le cou, les poignets, les chevilles.

13. Ce sont des corps célestes *auxquels* le soleil donne sa lumière : les étoiles.

14. Ce sont des objets grâce *auxquels* les vêtements peuvent être fermés : les boutons, les crochets, les fermetures éclair, les zips.

15. Ce sont des plaques circulaires *sur lesquelles* sont enregistrés des sons : les disques.

16. Ce sont des signes *sans lesquels* l'alphabet n'existerait pas : les lettres.

17. Ce sont des organismes microscopiques *contre lesquels* le corps lutte : les microbes.

B

• c'est un récipient dans lequel vous versez du liquide. • c'est un appareil avec lequel vous pouvez communiquer à distance. • c'est un espace délimité par des barreaux dans lequel on enferme les oiseaux. • c'est une situation à laquelle on risque d'être confronté dans sa vie • c'est un monument devant lequel s'incline le président de la République chaque année. • c'est un registre sur lequel on écrit ses impressions. • c'est un objet grâce auquel vous pouvez mieux voir de loin. • c'est une fleur avec laquelle on peut savoir lorsque vous effeuillez si quelqu'un vous aime.

PAGE 142

APRÈS : Il trouvera peut-être un jour le bonheur *après lequel* il court depuis toujours.

AVEC : Voilà des propos *avec lesquels* je suis d'accord.

CHEZ : Les gens *chez qui* j'habite sont charmants.

CONTRE : Les mesures *contre lesquelles* l'opposition s'insurge seront quoi qu'il en soit adoptées.

DANS : La situation *dans laquelle* je me trouve est très délicate.

DERRIÈRE : Les voilettes *derrière lesquelles* les femmes se cachaient au début du siècle étaient très romantiques.

DURANT : Il sort d'une période *durant laquelle* il a été très malheureux.

ENTRE : Ce sont des gens *entre lesquels* les liens d'amitié sont très forts.

PAR : Quelle est la fenêtre *par laquelle* sont entrés les voleurs ?

PAR DESSOUS : Il faut absolument réparer le grillage *par dessous lequel* le chien passe pour sortir du jardin.

PARMI : Il a écrit un livre sur les peuplades *parmi lesquelles* il a vécu dix ans.

POUR : Quel est le parti politique *pour lequel* vous votez ?

SANS : Je souhaite remercier mes collaborateurs *sans lesquels* le redressement de l'entreprise n'aurait pu se faire.

SELON : Comment s'appelle cette théorie *selon laquelle* $E=mc^2$?

SUR : C'est un sujet *sur lequel* nous ne reviendrons plus.

À : C'est un souvenir de mes parents *auquel* je tiens.

GRÂCE À : Je vous présente les personnes *grâce auxquelles* j'ai trouvé du travail.

FACE À : C'est un panorama impressionnant *face auquel* on se sent tout petit.

AU COURS DE : Nous organisons une excursion *au cours de laquelle* un repas vous sera servi.

AU DELÀ DE : Cette route est la limite *au delà de laquelle* il est dangereux de s'aventurer.

AU MILIEU DE : J'habite près d'un jardin *au milieu duquel* il y a une fontaine où on jette de l'argent en faisant un vœu.

AUPRÈS DE : La femme *auprès de laquelle* vous étiez assis ce matin est mon ex-belle-sœur.

PAGE 143

A

1. les réductions dont vous bénéficiez. **2.** les sujets auxquels vous vous intéressez. **3.** les questions sur lesquelles vous vous documentez. **4.** les ressources financières dont vous disposez. **5.** des plats sur lesquels vous vous précipitez. **6.** les sports pour lesquels vous avez des aptitudes.

B

1. la dernière manifestation sportive à laquelle vous avez participé. **2.** la dernière injustice dont vous avez été victime. **3.** le dernier concert auquel vous avez assisté. **4.** la dernière situation comique dont vous avez été témoin. **5.** un danger auquel vous avez échappé. **6.** des projets auxquels vous avez dû renoncer.

C

1. des amis sur qui/lesquels vous pouvez compter. **2.** des gens avec qui/lesquels vous vous entendez bien. **3.** quelqu'un à qui vous pensez souvent. **4.** de tous les gens chez qui/lesquels vous avez dormi. **5.** le dernier candidat pour /qui lequel vous avez voté. **6.** le dernière personne avec qui/laquelle vous vous êtes disputé(e).

PAGE 144

A

2. Je vous donne tout ce qui m'appartient, tout ce que j'ai. **3.** Je me demande ce que je peux faire, ce que je vais faire, ce que je dois faire et ce qui va se passer. **4.** Dites-moi ce qui vous intéresse, ce que vous aimez faire.

B

2. Fais-moi la liste de tout ce que tu veux que j'achète, de ce dont tu as besoin, de ce qu'il te faut. **3.** J'aimerais que chacun dise ce qu'il aura le temps de faire, ce dont il pourra s'oc-cuper, ce dont il veut bien se charger. **4.** Est-il indiscret de vous demander ce à quoi vous vous intéressez, ce qui vous plaît, ce à quoi vous croyez, ce à quoi vous êtes sensible, ce que vous attendez de la vie ? **5.** Je sais ce qui vous fait plaisir, ce dont vous avez envie. **6.** Pourriez-vous me résumer ce dont il a été question, ce que vous avez décidé. **7.** J'aimerais savoir ce que vous faites comme études, à quoi vous occupez vos loisirs. **8.** Dites-nous franchement ce qui ne vous plaît pas, ce que vous n'aimez pas, ce dont vous êtes mécontent, ce à quoi vous ne vous habituez pas. **9.** Les otages libérés ont révélé à la presse ce qu'on les avait obligés à faire, ce à quoi ils avaient été contraints, ce dont on les avait menacés.

PAGE 145

1. Il y a des obligations dont on peut se libérer et des obligations auxquelles on ne peut échapper. **2.** Il y a des colères auxquelles il est préférable de faire attention et d'autres auxquelles il ne faut surtout pas prêter attention. **3.** Il y a des obstacles qu'on franchit facilement et d'autres auxquels on se heurte définitivement. **4.** Il y a des contraintes auxquelles on doit se soumettre et d'autres dont on peut se libérer facilement. **5.** Il y a des idées pour lesquelles les gens se battent et celles contre lesquelles ils luttent. **6.** Il y a des décisions que l'on réexamine et celles sur lesquelles on ne revient pas. **7.** Il y a les secrets qu'on cache et ceux qu'on dévoile. **8.** Il y a les difficultés que l'on prévoit et celles auxquelles on ne s'attend pas. **9.** Il y a des projets que l'on mène à bien et d'autres auxquels on renonce. **10.** Il y a des personnes auxquelles on s'attache rapidement et d'autres pour lesquelles/qui on n'éprouve pas tout de suite de l'affection. **11.** Il y a des amis avec qui/lesquels on s'entend très bien et d'autres avec qui/lesquels on se heurte plus souvent. **12.** Il y a des gens chez qui/lesquels on se sent bien et d'autres chez qui/lesquels on se sent mal à l'aise.

B

1. Jérémie est un enfant timide qui parle peu, à qui les autres font peur et pour qui les relations sont difficiles. **2.** Marie est une petite fille insouciante à qui la vie sourit, pour qui la vie est belle. **3.** Valérie est une jeune femme charmante qui travaille très bien, avec qui tout le monde sympathise et en qui tout le monde a confiance. **4.** Bernard est un homme ouvert, qui est très autoritaire, que ses employés aiment bien et sur qui on peut compter. **5.** Marguerite est une femme désagréable qui râle tout le temps, que tout le monde fuit et pour qui personne n'a de sympathie. **6.** Léo est une garçon courageux contre lequel le sort s'est acharné mais qui ne se laisse pas abattre. **7.** Madame D. est une vieille dame étonnante qui est toujours vêtue de blanc, qui chante à tue tête chez elle et que ses voisins considèrent comme une originale. **8.** Maurice est un monsieur distingué dont le langage est très châtié, (dont) la culture est immense et pour qui ses amis ont beaucoup d'admiration.

A

Y a-t-il chez vous un objet :

1. qui ne vous sert à rien? **2.** que vous avez emprunté à quelqu'un? **3.** auquel vous attachez beaucoup d'importance? **4.** dont vous ne connaissez pas la provenance? **5.** dont vous avez hérité? **6.** dont vous voudriez vous débarrasser? **7.** que l'on vous envie? **8.** que vous emportez toujours quand vous sortez? **9.** que vous venez d'acheter? **10.** qui ne vous appartient pas? **11.** dont vous vous servez plusieurs fois par jour? **12.** que vous avez fabriqué vous-même? **13.** dont la fonction vous est inconnue? **14.** qui est inusable? **15.** qu'on vous a offert mais qui ne vous plaît pas?

1. C'est un long dialogue théâtral sur la vie et le bonheur entre deux êtres simples que le hasard a fait se rencontrer dans un square et qui se sépareront à la fin de la pièce.

2. C'est le récit d'un voyage au cours duquel la décision d'un homme parti en train pour Rome rejoindre sa maîtresse se modifie.

3. C'est le récit de la vie d'un homme sur qui les événements ont peu de prises et que sa condamnation à mort laisse indifférent.

4. C'est l'aventure d'un jeune homme dont le but est de retrouver un trésor dans une île volcanique et qui se découvre lui-même au cours de cette quête.

5. C'est l'histoire d'une jeune femme exilée à Marseille qui ne peut oublier la terre de ses ancêtres, – le Sahara – et que la passion du désert dévore.

6. C'est l'histoire d'une jeune femme insouciante qui prend conscience des problèmes posés par l'existence des autres à l'occasion d'un drame dont elle se sent responsable.

CHAPITRE 11

Subjonctif indicatif. Modalisation

B

1. Volonté, nécessité, obligation

(ne pas) vouloir que, désirer que, demander que, avoir envie que, souhaiter que, ordonner que, refuser que, souhaiter que, supplier que, interdire que

2. Sentiment, appréciation

trouver agaçant que, être surpris, regretter que, trouver désagréable que, s'étonner que, trouver injuste que, se réjouir que, être triste que, être content que, rêver que

3. Possibilité, doute, incertitude

ne pas être certain que, douter que, ne pas être sûr que

• **1 base**

ÉCRIRE

ils écrivent/nous écrivons → que … écriv-

DIRE

ils disent/nous disons → que … dis-

SORTIR

ils sortent/nous sortons → que … sort-

VIVRE

ils vivent/nous vivons → que … viv-…

RIRE

ils rient/nous rions → que … ri -

TRAVAILLER

ils travaillent/nous travaillons → que … travaill-

OFFRIR

ils offrent/nous offrons → que … offr-

ATTENDRE

ils attendent/nous attendons → que … attend-

• **2 bases**

VOIR

ils voient/nous voyons → que … voi-/… voy-

PRENDRE

ils prennent/nous prenons → que … prenn-

/… pren-

REVENIR

ils reviennent/nous revenons → que … revienn-/… reven-

APPARTENIR

ils appartiennent/nous appartenons → que … appartienn-/… apparten-

RECEVOIR

ils reçoivent/nous recevons → que … reçoiv-/… recev-

BOIRE

ils boivent/nous buvons → que … boiv-/… buv-

A

3. a) qu'ils le connaissent. **b)** que vous connaissiez. **4. a)** qu'ils me rejoignent. **b)** que nous te rejoignions. **5. a)** qu'ils me croient. **b)** que vous me croyiez. **6. a)** qu'ils répondent. **b)** que nous lui répondions. **7. a)** qu'ils reviennent. **b)** que nous revenions. **8. a)** qu'ils m'attendent. **b)** que vous m'attendiez. **9. a)** qu'ils l'apprennent. **b)** que vous appreniez.

B

1. pour que je puisse… **2.** que je sache… **3.** qu'il pleuve. **4.** que j'aille ? **5.** que ça en vaille la peine. **6.** que nous allions. **7.** que tu le veuilles. **8.** que tu sois… **9.** que vous vous en alliez. **10.** que vous soyez … et que vous ayez … .

B

+ infinitif

1. Je vous conseille de cesser de regretter le passé, de vous tourner vers l'avenir, de faire des projets. **2.** Vous devriez sortir de votre coquille, faire du théâtre par exemple et prendre des responsabilités. **3.** Je vous conseille de ne pas rester chez vous, de partir en voyage, de sortir et de faire des rencontres. **4.** Je vous conseille d'écouter les autres et de tenir compte de leur avis. **5.** Essayez de voir le bon côté des choses, de développer votre sens de l'humour. Je vous recommande de rire quelques minutes par jour. **6.** Vous devriez réfléchir avant d'agir. Je vous suggère aussi de faire du yoga.

+ subjonctif

1. Il faudrait que vous cessiez de regretter le passé, que vous vous tourniez vers l'avenir, que vous fassiez des projets. **2.** Il faut absolument que vous sortiez de votre coquille, que vous fassiez du théâtre, que vous preniez des responsabilités **3.** Il ne faut pas que vous restiez chez vous. Il faut que vous partiez en voyage, que vous sortiez, que vous fassiez des rencontres. **4.** Il est important que vous écoutiez les autres, que vous teniez compte de leur avis. **5.** Il faudrait que vous preniez la vie du bon côté, que vous développiez votre sens de l'humour, que vous vous entraîniez à rire. **6.** Il faudrait que vous réfléchissiez avant d'agir et que vous fassiez du yoga.

PAGE 155

A

1. qu'on vous dise **2.** qu'on vous contraigne **3.** qu'on vous fasse rire **4.** qu'on ne vienne pas **5.** que certaines choses soient interdites **6.** que les peuples se fassent la guerre **7.** que leurs enfants se droguent **8.** qu'on vous pardonne **9.** que vos amis se sentent à l'aise **10.** qu'on franchisse **11.** qu'on vous fasse **12.** qu'on vous vienne en aide **13.** que l'âge de la retraite soit avancé **14.** que tout le monde vous serre la main **15.** qu'il ralentisse **16.** que chacun puisse s'exprimer **17.** que l'Europe s'étende **18.** que les professeurs interdisent **19.** que les gens agissent ou réfléchissent **20.** que nous vous posions.

PAGE 157

A

1. un peintre ou un sculpteur lors d'un vernissage, d'une inauguration d'une exposition **2.** un nouveau parti politique avant l'ouverture de son premier congrès / des acteurs

derrière le rideau **3.** des amis d'une femme qui vient de perdre quelqu'un de cher / des proches d'une jeune femme qui vient de découvrir son nouveau nez après une opération esthétique **4.** de vieux copains qui se retrouvent chaque année pour un piquenique **5.** une employée parlant de son patron / des enfants parlant de leur père.

B

+ subjonctif

Je suis enchanté que vous ayez pu vous libérer.
C'est incroyable que la salle soit pleine !
*C'est stupéfiant qu'*il y ait autant de monde !
Comment se fait-il que ce soit plein ?
*Je ne comprends pas qu'*il y ait autant de monde !
*Ça me fait de la peine qu'*elle soit si malheureuse !
*C'est désolant qu'*on ne puisse rien faire pour elle.
*C'est une chance qu'*il fasse beau !
Quel dommage vraiment que Pierrot ne soit pas là.
C'est pas de veine que Pierrot soit malade !
*J'en ai assez qu'*il soit de mauvaise humeur !
*C'est exaspérant qu'*il se mette en colère à la moindre occasion !
*C'est pas normal qu'*il ne puisse pas se maîtriser !
*Il faudrait qu'*il se calme !

+ infinitif

Quelle heureuse surprise de vous avoir parmi nous !
J'ai le plaisir de vous présenter à Madame de Valmont.
Ça fait plaisir de se retrouver !
C'est pénible d'entendre râler tout le temps ! »
Ce n'est pas normal de ne pas pouvoir se contenir.

PAGE 158

A

1. Ça vous dérange ou ça ne gêne pas qu'on vous confie des secrets **2.** Ça vous surprend, ça vous paraît naturel qu'on vous fasse de compliments **3.** Ça vous est égal, vous n'aimez pas qu'on vous parle de très près ? **4.** Ça vous inquiète, ça vous irrite qu'on vous fasse attendre ? **5.** Ça vous est indifférent, ça vous contrarie qu'on ne vous rende pas un objet prêté ? **6.** Ça vous blesse, ça vous fait peur, ça vous irrite qu'on vous réponde brutalement ? **7.** Vous trouvez naturel, ça vous gêne qu'on vous regarde fixement ? **8.** Ça vous fait peur, ça vous est intrigue qu'on vous suive dans la rue ? **9.** Ça vous rend triste, ça vous est indifférent qu'on ne se souvienne pas de vous ? **10.** Vous trouvez ça normal, vous ne comprenez pas qu'on ne comprenne pas vos points de vue ? **11.** Ça vous est égal, ça vous agace qu'on ne croie pas ce que vous dites ? **12.** Ça vous est égal, ça vous agace indifférent(e) qu'on ne vous dise pas bonjour ? **13.** Ça vous agace, ça vous est égal qu'on vous interrompe alors que vous parlez ?

B

• Est-ce que ça vous gêne ou est-ce que ça vous plaît qu'on vous confie des secrets ?

– Moi, ça me gêne plutôt parce que j'ai peur de ne pas pouvoir les garder.

• Est-ce que ça vous est égal, ou est-ce que vous n'aimez pas ça qu'on vous parle de très près ?

– J'ai horreur de ça.

– Et vous Monsieur ?

– Hein ? Vous pouvez répéter votre question.

– Je voulais savoir si vous aimiez qu'on vous parle de très près.

– Ah …

• Est-ce que ça vous irrite qu'on vous fasse attendre ?

– Ça ne m'irrite pas, à condition qu'on ne me fasse pas attendre cent sept ans.

• Est-ce que ça vous blesse, ou est-ce que ça vous fait peur, ou est-ce que ça vous irrite qu'on vous réponde brutalement ?

– Ça me fait plutôt peur, ça me déstabilise.

• Ça vous est égal, Monsieur, qu'on ne croie pas ce que vous dites ?

– Et comment ! Je dis toujours la vérité, moi !

• Madame, est-ce que ça vous choque qu'on ne vous dise pas bonjour ?

– Ça me laisse complètement indifférente.

PAGE 159

A

1. … que la conduite en état d'ivresse soit sanctionnée ? **2.** … que l'écologie fasse des adeptes ? **3.** … que les footballeurs gagnent beaucoup d'argent ? **4.** … que la peine de mort soit abolie ? **5.** … que les avocats défendent des criminels ? **6.** … que les écarts de salaire soient importants ? **7.** … que les parents donnent de l'argent ? **8.** … que beaucoup de gens ne sachent pas lire ? **9.** … que l'argent ne fasse pas le bonheur ? **10.** qu'on puisse gagner beaucoup d'argent au jeu ? **11.** que les étudiants bénéficient de réductions ? **12.** que le coût de la santé augmente ? **13.** que les parents aient des projets pour leurs enfants ? **14.** que la structure familiale évolue ?

PAGE 161

B

1. que vous soyez venu. **2.** de faire sa connaissance. **3.** que vous ayez pu vous libérer. **4.** de devoir vous quitter. **5.** que tu partes si tôt. **6.** qu'il n'ait pas pu venir. **7.** que tu sois ici / de te trouver ici. **8.** que vous ayez pensé à nous. **9.** que vous réussissiez. **10.** que vous vouliez me présenter. **11.** que votre père aille mieux. **12.** de vous avoir dérangé. **13.** de recevoir une lettre de toi / que tu m'aies écrit. **14.** que tu ne puisses pas venir. **15.** que ça vous ait plu.

PAGE 162

1. qu'il pleuve ou non. **2.** qu'on me prenne en photo. **3.** que tu aies réussi. **4.** qu'il ne lui soit arrivé quelque chose bientôt. **5.** qu'on se revoie. **6.** que vous ne sachiez pas tout. **7.** que vous n'ayez pas compris. **8.** que vous reveniez. **9.** qu'il ait refusé. **10.** que je te dise. **11.** que vous ne vous soyez pas décidés. **12.** qu'on ne vous ait pas prévenu. **13.** qu'il ne soit pas parti. **14.** qu'ils partent. **15.** que vous vous soyez réconciliés. **16.** que vous vous soyez trompé.

PAGE 163

A

1. Alors, vous viendrez?

• Il n'est pas absolument certain que je vienne.

• Il est probable que je viendrai, mais il se peut que j'aie un empêchement.

• Il y a peu de chances pour que je vienne mais ce n'est pas impossible.

2. Vous croyez vraiment qu'il lui sera utile, ce cadeau?

• Je doute que ça lui soit très utile.

• Je crois que ce n'est pas un cadeau très pratique.

• Je ne crois pas qu'il s'en serve un jour.

• Il est probable même qu'il ne s'en servira jamais.

• Mais si, il est possible qu'il s'en serve.

3. Est-ce qu'elle se remettra rapidement?

• Je doute qu'elle se remette vite.

• Il se pourrait même en effet que la convalescence soit longue.

• En effet, il est même certain que ce sera long.

4. Vous arriverez à l'heure?

• Il n'est pas impossible qu'on arrive à l'heure, mais je te promets rien.

• Nous, il y a de fortes chances pour qu'on ait du retard, cinq, dix minutes, pas plus.

• Quant à moi, je pense que je serai à l'heure.

• Moi aussi il est probable que je serai à l'heure mais on ne sait jamais.

5. Comment ça va se passer?

• Il se pourrait qu'il n'y ait pas grand monde.

• Il est possible que la salle ne soit pas pleine.

• Il y aura peut-être pas grand monde en effet.

• Pourquoi vous dites ça? Moi je crois qu'il y aura du monde.

• Moi aussi, je suis sûre que ce sera plein et que ça se passera très bien.

6. Il m'a reconnue, tu crois?

• Je suis persuadé qu'il t'a vue.

• Moi, je crois qu'il t'a vu mais qu'il ne t'a pas reconnue.

• Il semblerait en effet qu'il ne m'ait pas reconnue.

• Moi, il me semble qu'il t'a reconnue mais qu'il a fait comme s'il ne te voyait pas.

B

+ subjonctif

Il n'est pas (absolument) certain que
Il y a peu de chances que
Je doute que
Je ne crois pas que
Il est possible que
Il se pourrait que
Il n'est pas impossible que
Il y a de fortes chances pour que
Il semblerait que

+ indicatif

Il est probable que
Je crois que
Il est même certain que
Il est vraisemblable que
Je pense que
Je suis sûr que
Je suis persuadé que

PAGE 165

A

1. Il est probable que le concert n'aura pas lieu. **2.** il est possible que l'avion ne puisse pas se poser. Il y a de fortes chances pour que ce soit le cas! **3.** Il est donc peu probable que nous ayons le temps de régler tous les problèmes. **4.** Il est probable qu'il a fermé. Il est peu probable qu'il soit encore ouvert. **5.** Il y a des chances pour qu'on puisse le joindre chez lui. Il est possible qu'il soit rentré. **6.** Il est vraisemblable qu'aux prochaines élections je m'abstiendrai de voter.. **7.** Il me semble que je vous connais. Je suis presque sûre que je vous ai rencontré quelque part. **8.** Il n'a pas fait de doute aux jurés que X était complice du meurtre. **9.** Il se pourrait qu'un jour ou l'autre la municipalité décide de rénover le quartier et détruise les immeubles trop vétustes. **10.** Il est peu probable que nous vivions en France toute notre vie, mais il se peut que nous y restions quelques années encore. **11.** Il n'est pas impossible que Joséphine nous fasse la surprise de nous rejoindre. Il me semble qu'elle en a parlé. **12.** Il semble que notre politique économique soit approuvée par la majorité des Français.

B

1. Je ne crois pas qu'il vienne. **2.** Tu as l'impression que Georges est content de son nouveau travail ? Je crois que ça lui plaît. **3.** Je crois qu'il est malade. Je ne crois pas qu'il soit malade mais il me semble en effet qu'il est fatigué. **4.** Je ne suis pas sûr que vous puissiez entrer sans invitation. Je suis certain que ce n'est pas possible. **5.** Je doute qu'il dise/ait dit toute la vérité. Je ne crois pas qu'il mente/ait menti mais je pense qu'il n'a pas tout dit. **6.** Tu penses qu'on aura une réponse quand ? Je doute qu'on ait une réponse avant plusieurs jours. **7.** Je suppose que vous acceptez les cartes de crédit ? Je crois que l'appareil est en panne. Je ne suis pas sûr qu'il soit ait été réparé. **8.** J'ai l'impression que quelqu'un nous suit. Tu vois bien qu'il n'y a personne. **9.** Je me doutais que tu allais partir.

PAGE 166

Exemple de réponses

1. Pensez-vous que tous les hommes politiques soient corruptibles ?

• Il me semble que beaucoup d'hommes politiques, sinon tous sont corruptibles.

• Je ne pense pas que la majorité des hommes politiques soient corruptibles, je pense que la majorité d'entre eux sont honnêtes.

2. Est-ce que vous trouvez que les enfants uniques ont de la chance ?

• Il me semble que non, que les enfants uniques n'ont pas de chance au contraire.

• Je trouve qu'ils ont de la chance, oui, d'être l'objet de toute la sollicitude de leurs parents.

3. A votre avis, devient-on sage en vieillissent ?

• Je n'ai pas l'impression qu'on devienne plus sage, on devient plus résigné, c'est différent.

• C'est clair qu'on devient plus sage en vieillissant ; heureusement !

4. Pensez-vous que le jeu tienne beaucoup de place dans le développement de l'enfant ?

• Il ne fait pas de doute que le jeu est indispensable pour le développement de l'enfant.

• Il semble oui, que la part du jeu soit très fondamentale.

5. Est-il indispensable de beaucoup dormir ?

• Je suis seulement sûr que j'ai besoin, moi, de beaucoup de sommeil.

• Je ne pense pas que ce soit fondamentalement indispensable.

6. Croyez-vous que l'on doive limiter la circulation automobile dans les villes ?

• Je pense que oui, qu'on devrait le faire, qu'on doit le faire.

• Il est probable que c'est ce qu'il faudrait faire mais je ne pense pas qu'on y arrive facilement.

7. Pensez-vous que l'on retienne mieux ce qui vous intéresse ?

• Qu'on retienne mieux ce qui vous intéresse ? ça ne fait pas de doute.

• Il n'est pas douteux qu'on retient mieux ce qui vous intéresse.

PAGE 167

A

> **Domaine de la réalité : Indicatif**
> J'ai visité une/la maison qui…, je connais des gens qui…, je vends des chaussures qui … + indicatif
> **Domaine du non réalisé, la non certitude : subjonctif**
> Je cherche une maison qui…, trouvez-moi un sirop qui…, connaissez-vous quelqu'un qui…, je n'ai jamais rencontré un Français qui … + subjonctif

PAGE 168

« Ah oui, je me souviens qu'un jour on ne l'a plus vu. – Et on avait su qu'il avait été condamné à 15 ans, c'est ça ? – Oui, ben j'ai entendu dire qu'il allait sortir de prison. – C'est vrai qu'il a été question de le relâcher ?

– Je ne crois pas qu'il ait purgé sa peine. – A supposer que ce soit vrai, c'est grave. – C'est incroyable qu'on ne soit pas mieux protégés ! – C'est pas étonnant que tout aille mal ! – S'ils font ça, je pense qu'ils ont de bonnes raisons. – Moi, je vous dis qu'il va recommencer si on le relâche. – Pourquoi veux-tu qu'il recommence ? – Oui, c'est vrai, il est probable qu'il s'est calmé depuis. – C'est vrai qu'il a passé un bout de temps en taule quand même ! – Qu'est ce qu'il avait fait d'ailleurs ? – Quelqu'un sait ce qu'il avait fait au juste ? – Il me semble qu'il a tué sa femme. – Moi, j'avais l'impression que c'était sa maîtresse. – Il se peut qu'il ait tué les deux. »

CHAPITRE 12

Expression du temps

PAGE 171

COMBIEN DE TEMPS? DE QUAND À QUAND?

cinq minutes par jour
des heures durant
une journée entière
longtemps
pendant des jours et des jours
une heure par jour
toute la journée
du matin au soir
entre midi et deux
de 12.30 à 13.30
de 18 à 19 heures
du matin au soir

A QUELLE FRÉQUENCE? TOUS LES COMBIEN?

de temps en temps
pas souvent, parfois,
pas régulièrement
tous les dimanches
jamais
rarement
un jour sur deux
une fois par an
chaque jour
une fois de temps en temps
tous les deux ou trois mois
environ une heure par jour

QUAND? A QUEL MOMENT?

en hiver, en été, au printemps, en toutes saisons
en pleine nuit.
tard le soir
le soir
à la tombée du jour
pendant les examens

PAGE 172

1. Moi, je suis né *un vendredi* 13 chez ma grand mère, à Marseille, *aux alentours de Pâques.*

2. Moi, *c'était le* 16 *janvier*, à Lausanne, en Suisse, *en pleine nuit, à trois heures du matin.*

3. Moi, je suis venu au monde *en hiver*, dans un taxi, je crois, *entre midi et deux.*

4. Moi, c'était dans un château en Écosse, *au douzième coup de minuit.*

5. Moi, c'était dans l'abri d'une clinique, *en plein bombardement*, en 1944, à Brest.

6. Moi, c'était *au petit matin*, sur une plage à Tahiti, sous un palmier, *fin octobre.*

7. Moi, c'était il y a très longtemps, *dans les années* 20, *au milieu du mois d'avril.*

8. Moi, c'était entre Gibraltar et Tanger, *à la tombée de la nuit, vers* 18 *heures.*

9. Moi, *c'était en mars, au début du mois de mars*, au fin fond de la brousse, et *c'était aux environs de midi.*

10. Quant à moi, *c'était à l'heure du petit déjeuner*, au domicile de mes parents, *au printemps.*

11. Moi, *c'était un jour de marché, au début du printemps*, ma mère partait vendre ses poules quand je me suis annoncé.

C

Avec préposition

à : à trois heures du matin, au douzième coup de minuit, aux environs de midi, au petit matin, à la tombée de la nuit, à l'heure du petit déjeuner, au milieu du mois d'avril, au début du mois de mars, au printemps, au début du printemps, aux alentours de Pâques

en : en mars, en hiver, en 1944, en pleine nuit, en plein bombardement

entre : entre midi et deux (heures)

dans : dans les années 20

vers : vers 18 heures

Sans préposition

le 16 janvier 1975; **un** 14 juillet, **un** jour de marché, **un** vendredi 13

fin octobre

PAGE 173

A

au printemps ... au début du printemps ... au tout début ... le 2 avril. En 1980 ... le matin. ... le premier avril ... au tout début ... les deux premiers jours ... le troisième jour ... le matin ... au petit déjeuner ... A midi ...

•

En 1983 ... en plein hiver ... à la fin du mois ... un jeudi ... un jeudi noir ... le jeudi 11 novembre ... le jour de la cérémonie ...

•

jusqu'en 1988 ... à la fin du printemps ... en été ... la semaine du 14 juillet. ... à la tombée du jour ... à l'aube ... au mois d'octobre ... en pleine nuit ...

•

mardi dernier ... à 16 heures 30 ... le 15 ... en hiver.

PAGE 174

B

• **Hier, avant-hier, la veille, l'avant-veille, demain, le lendemain**

1. hier, la veille. **2.** demain. **3.** la veille, l'avant-veille. **4.** La veille. **5.** le lendemain. **6.** Hier. **7.** demain. **8.** le lendemain.

• **Aujourd'hui, ce jour-là**

1. ce jour-là. **2.** aujourd'hui. **3.** ce jour-là.

• **Prochain, suivant, dernier, précédent**

1. le mois prochain. **2.** Le mois dernier. **3.** l'année prochaine. **4.** Dimanche prochain, le dimanche suivant. **5.** le week-end dernier, le week-end précédent. **6.** L'année dernière, l'année précédente.

PAGE 175

A

Ils sont partis il y a deux mois et ils sont partis depuis deux mois.

Ils ne s'étaient pas vus depuis longtemps

Ils se sont mariés il y a deux ans. Ils sont mariés depuis deux ans.

Elle s'est arrêtée de fumer il y a un an. Elle ne fume plus depuis un an.

Ils ne se sont pas téléphoné depuis une semaine. Ils se sont téléphoné il y a une semaine.

Il est député depuis deux ans. Il a été élu député il y a deux ans.

Sa maison est vendue depuis un mois. Il a vendu sa maison il y a un mois.

Sa maison a été vendue il y a un mois. Sa maison n'est plus en vente depuis un mois.

B   •

1. il y a ... et depuis ... **2.** il y a ... et depuis ... **3.** il y a ... depuis ... **4.** il y a ... et depuis ... **5.** depuis ... mais il y a ... **6.** il y a ... depuis ... .

Mise en relief

1. Ça fait trois semaines qu'il a quitté la France et qu'il n'a pas téléphoné à sa famille !

2. Il y a un mois que nous avons déménagé et que nous sommes hébergés par des amis !

3. Ça fait cinq minutes seulement qu'il vient de raccrocher ! Ça faisait une heure qu'il téléphonait !

4. Ça fait deux jours qu'il s'est enfermé dans sa chambre et qu'il n'en est pas sorti une seule fois !

5. Il y avait un mois qu'elle n'avait plus fumé une seule cigarette mais ça fait deux jours qu'elle s'est remise à fumer !

6. Ça fait une semaine seulement qu'il a pris sa retraite. Il y avait presque quarante ans qu'il travaillait.

C

1. ... et depuis ça n'a pas arrêté. **2.** ... et depuis une semaine je n'ai pas de nouvelles. **3.** ... et depuis un an il est au chômage. **4.** ... et depuis un mois je n'ai plus entendu parler de lui. **5.** ... et depuis il n'arrête pas de chanter. **6.** ... et depuis trois quarts d'heure il attend ! **7.** ... et depuis deux semaines il n'est pas venu le rechercher. **8.** ... et depuis dix ans ils ne se sont pas reparlé une seule fois.

PAGE 176

A

1. il y a une semaine ... dans quelques jours ... depuis leur libération. **2.** Dans dix minutes ... Depuis le début du match ... il y a trente minutes ... **3.** ... il y a très longtemps ... depuis cette époque-là ... dans quelques semaines … . **4.** Depuis 10 ans … Dans cent ans … il y a dix ans … . **5.** … il y a une heure … depuis dix minutes … dans quelques minutes.

B

1. Ils sont partis il y a deux mois, ils voyagent depuis deux mois et dans un mois ils reviendront.

2. Ils ont fait un emprunt il y a dix ans, depuis dix ans ils le remboursent et dans cinq ans ils seront devenus propriétaires.

3. Il a reçu une proposition de travail il y a une semaine et depuis il y réfléchit sérieusement. Il donnera sa réponse définitive dans trois jours.

4. Il s'est inscrit à un cours de japonais il y a trois mois. Depuis trois mois il le suit assidûment car dans un an il va partir au Japon.

5. Elle a commencé sa thèse il y a quatre ans. Depuis quatre ans elle y travaille sans relâche. Elle pense la soutenir dans un an.

6. Le tournage du film a débuté il y a deux ans. Il s'est interrompu il y a six mois mais il reprendra dans une semaine ou deux.

7. Les alpinistes sont partis il y a cinq jours. On est sans nouvelles d'eux depuis hier. On commencera les recherches dans deux jours.

8. Le projet de loi a été déposé il y a un mois. On a commencé à en discuter depuis deux jours et le vote se déroulera dans une semaine si tout se passe bien.

PAGE 177

C

1. … pendant un mois un appartement pour six mois. **2.** … pour cinq jours … pendant ces cinq jours. **3.** … pour les trois mois d'été. **4.** … pendant plusieurs mois … pour la vie. **5.** pour deux semaines. Pendant deux semaines … **6.** … pour sept ans … pour cinq ans. **7.** … pendant quatorze ans …

PAGE 178

1. a) en quatre ou cinq minutes **b)** pendant quelques minutes **c)** dans quelques minutes **2. a)** pendant plusieurs jours … **b)** en moins de 9 secondes …

3. a) pendant toute une soirée. **b)** en une heure **c)** Dans quelques mois …

4. a) dans quelques minutes. **b)** En quelques minutes… **c)** pendant environ dix minutes.

5. a) dans un quart d'heure. **b)** en cinq minutes à peu près. **c)** pendant plus de vingt minutes.

6. a) en trois jours. **b)** dans une semaine. **c)** pendant quelques jours.

7. a) pendant une demi-journée. **b)** en quelques heures. **c)** dans quelques instants.

8. pendant plusieurs mois … pendant une heure … En dix jours … dans un mois …

PAGE 181

B

Après avoir épluché les carottes, râpez les.

Ne sortez de chez vous qu'après avoir débranché le fer à repasser.

Après avoir assaisonné la salade, servez-la immédiatement.

Ne mettez à cuire un poulet qu'après l'avoir vidé.

Ne plongez votre bébé dans l'eau du bain qu'après en avoir vérifié la température.

Il est préférable de monter dans le train qu'après avoir composté son billet.

Ne prenez la route qu'après avoir bouclé votre ceinture.

Après avoir vérifié que votre pull est à l'endroit, enfilez-le.

Après avoir timbré vos lettres, postez-les.

Ne quittez le distributeur de billets qu'après avoir repris votre carte de crédit.

Mettez de l'essence dans votre réservoir seulement après avoir arrêté votre moteur.

PAGE 182

A

1. Les malfaiteurs *ont commencé par* menacer le caissier, *puis* ils l'ont bâillonné *et* sont partis avec la caisse.

2. Il a *d'abord* rectifié sa cravate devant la glace *puis* il a mis son chapeau *et* il est sorti.

3. L'orateur est monté à la tribune, a attendu la fin des applaudissements *puis* a commencé son discours.

4. *Dans un premier temps* je me suis approché d'elle ; *puis* je lui ai souri *et* … *finalement* j'ai engagé la conversation.

5. Nous sommes allés chercher du bois *et* nous avons allumé un feu. *P*uis nous nous sommes réchauffé les mains à la flamme.

6. Elle a fait quelques pas *et* s'est arrêtée. *E*nsuite elle a hésité *et* *finalement* a rebroussé chemin.

B

• Je rends toujours l'argent que j'ai emprunté avant qu'on me le réclame.
Je ne sors jamais de chez moi avant que mon lit ne soit fait.

• La nuit je lis, en attendant que le sommeil vienne.
Je me couche sans attendre que l'envie de dormir me gagne.

• Certains jours je regarde la télévision jusqu'à ce que les programmes s'arrêtent.
Lorsque je veux vraiment quelque chose, j'insiste, j'insiste jusqu'à ce que je l'obtienne.

• Je garde mon calme jusqu'au moment où je sors de mes gonds. Mais alors là, c'est terrible.

• Après que j'ai été reçu chez quelqu'un, je téléphone toujours pour le remercier.

• Dès que je suis à plus de deux mètres du sol, j'ai le vertige.

• Dès le moment où je suis réveillé, je suis de bonne humeur.

• Aussitôt que je me couche, je m'endors.
Moi c'est simple, aussitôt que j'ai faim, il faut que je mange.

• Une fois que j'ai pris une décision, je m'y tiens.
Je suis lente à comprendre, mais alors là, une fois que j'ai compris, j'ai compris.
Une fois que j'ai entendu un air, moi, je m'en souviens.

PAGE 183

A

Que faisiez-vous les uns et les autres au moment où vous avez entendu les cris ?
– J'étais en train de jouer aux cartes avec des amis

– Moi, je me préparais à aller me coucher
– Moi, je venais de rentrer, j'allais fermer la porte.
– Et vous Monsieur ?
– Moi, je commençais à m'endormir
– Quant à moi, je venais de sortir pour prendre mon travail de nuit.
– Et Madame ?
– Moi, j'étais sur le point de m'endormir, ça m'a réveillé.
– Et moi je dormais profondément.

B

• Un jour, alors que je naviguais, j'ai rencontré une baleine.

• On a cambriolé mon appartement une nuit tandis que je dormais.

• Un jour, alors que j'accompagnais mon père à la chasse, un sanglier m'a chargé.

• Un jour, alors que je baillais, je me suis décroché la mâchoire.

• Un jour, alors que je faisais du roller, j'ai renversé une vieille dame.

• Un jour, au cours d'une discussion animée, quelqu'un m'a giflé(e).

C
Exemples de réponse

• Un jour, pendant un concert, le guitariste a cassé deux cordes.

• Un jour, lors d'une réunion de famille, le père de famille a révélé un secret jusque là bien gardé.

• Un jour, au sortir d'un conseil des ministres, le premier ministre a piqué une colère noire contre un de ses ministres.

• Un jour, tandis qu'elle s'apprêtait à sortir de chez elle, la Princesse de Clèves a eu un mauvais pressentiment.

• Un jour, au cours d'une conférence internationale, un chef d'état a tapé du poing sur la table.

• Un jour, durant la nuit, un voisin a mis le feu à l'immeuble.

• Une année, en plein réveillon du jour de l'an, un inconnu a sonné à la porte.

• Un jour, au cours d'un vol entre Paris et Caracas, un des passagers a demandé l'hôtesse de l'air en mariage.

• Un jour, en plein milieu d'un examen, une étudiante s'est évanouie.

PAGE 184

A

1. Jusqu'à ce qu'ils ne veulent plus de moi. **2.** Jusqu'à ce que je sache ce qui s'est passé. **3.** Jusqu'à ce que la chance me sourie. **4.** Jusqu'à ce que vous ne toussiez plus. **5.** jusqu'à ce que le répondeur se mette en marche. **6.** Jusqu'à ce que tout le monde ait compris / comprenne. **7.** Oui, jusqu'à ce que l'auteur de l'attentat soit retrouvé. **8.** Très longtemps jusqu'à ce qu'ils soient usés. **9.** Jusqu'à ce que j'aie fini / je finisse le tableau. **10.** Oui, jusqu'à ce qu'ils arrivent/ils soient arrivés. **11.** Jusqu'à ce que nous ayons obtenu/obtenions satisfaction.

B

1. ... mais maintenant qu'elle est mariée, elle reste chez elle tous les soirs. **2.** ... mais le jour où elle l'a obtenue, elle a trouvé du travail immédiatement. **3.** ... dès que la fièvre serait tombée, elle pourrait sortir. **4.** ... mais aussitôt que le calme sera revenu, la pièce pourra commencée. **5.** ... mais aussitôt qu'elle le sera, la situation se débloquera. **6.** ... mais dès qu'elle l'aura prise, elle retrouvera le sommeil. **7.** ... mais à partir du moment où il se sera excusé, je lui adresserai à nouveau la parole. **8.** ... mais depuis qu'il n'a que la majorité relative, le conseil connaît des difficultés pour prendre des décisions.

PAGE 185

A

Gréviste 2 : ... tant que nous n'aurons pas obtenu satisfaction.

Ravisseur 2 : ... tant que la rançon ne sera pas versée.

Technicien 2 : ... tant que nous ne vous avons pas fait signe.

Suspect 2 : ... tant que notre avocat ne sera pas là.

Fan 2 : ... tant que nous n'aurons pas obtenu un autographe.

Incrédule 2 : ... tant que je ne le verrai pas de mes propres yeux.

Capitaine : ... tant que la relève n'est pas là.

Etudiant 2 : ... tant que les résultats n'auront pas été affichés.

PAGE 186

1. Ça a été le désespoir au moment où on s'est séparés. **2.** De nombreux invités sont sortis bien avant que la cérémonie se termine. **3.** Mes parents sont inconsolables depuis que je suis parti. **4.** La salle était très tendue pendant que l'avocat faisait sa plaidoirie. **5.** Avez-vous déjà vu le rayon vert au moment où le soleil se couche. **6.** La famille prend des dispositions avant que le monarque rende le dernier soupir. **7.** Le candidat au poste est sorti de la salle pendant que l'on examinait son cas. **8.** Allons boire un café en attendant que les résultats soient publiés. **9.** Le nouveau gouvernement a voulu imposer ses vues dès qu'il est arrivé au pouvoir. **10.** Je ferai quelques courses pendant que tu déjeuneras. **11.** Nous ne ferons aucune déclaration avant que le conseil des ministres se termine. **12.** Nous vous confirmerons votre réservation dès que nous aurons reçu votre lettre. **13.** Il s'est marié juste après que son amie a été naturalisée. **14.** La police devra être vigilante depuis que le terroriste a été remis en liberté. **15.** Elle a commencé à pleurer dès que le film a commencé. **16.** Les négociations reprendront après que le conflit s'est apaisé. **17.** Il faut arroser le rôti jusqu'à ce que la cuisson soit finie. **18.** Ne touchez à rien jusqu'à ce que la police arrive.

PAGE 187

1. Quel âge avait Louis XIV à la mort de son père ? En quelle année est-il devenu roi de France ? Jusqu'en quelle année a-t-il régné ? Pendant combien de temps a-t-il régné ? Au cours de quels siècles a-t-il vécu ? **2.** Quand et où a commencé réellement la révolution française ? Combien de mois avant la prise de la Bastille? Depuis quand le 14 juillet est-il le jour de la fête nationale de la France?

3. Pendant combien d'années la tour Eiffel a-t-elle été construite? De quelle année à quelle année? Pour l'exposition universelle de quelle année? Depuis combien de temps est-elle construite? Quel âge a la tour Eiffel aujourd'hui?

4. En quelle année a-t-on découvert le plus vieux squelette préhumain du monde? Il y a combien de temps qu'elle était morte? A quel âge est-elle morte?

5. En quelle année la peine de mort a-t-elle été abolie en France? Depuis combien de temps ce débat durait-il? En quelle année Victor Hugo l'avait-il prédit? Quelles sont les dates de naissance et de mort de cet écrivain?

6. Quel jour, quel mois et en quelle année est mort Hergé? Pendant combien d'années a-t-il publié des albums de bandes dessinées? De quelle année à quelle année? Combien d'albums a-t-il publiés?

7. Quel jour de quel mois et de quelle année le tunnel sous la Manche a-t-il été inauguré? Depuis combien de temps essayait-on de relier l'Angleterre à la France?

8. En quelle année le franc a-t-il été créé? Par quel roi? A quelle date l'euro est-il devenu la monnaie unique européenne? Pendant combien de temps les monnaies nationales et la monnaie européenne ont-elles circulé conjointement?

CHAPITRE 13

Condition, hypothèse, phrases avec si

A

A table, si on ne finissait pas un plat, on n'avait pas de dessert.

Chez moi, si mes parents parlaient, il ne fallait pas les interrompre.

Et moi, si je faisais un caprice, ma mère m'ignorait.

Chez nous, si on n'était pas content, il ne fallait surtout pas le montrer.

Moi, c'est bizarre, si je voyais un tiroir de ma commode ouvert, et ben je ne pouvais pas dormir.

A la maison si on voulait parler à table, on devait demander la permission.

Moi, à tous les coups, si ma grand mère paternelle venait à la maison, on était sûrs que ma maman allait pleurer.

Si nos chiens aboyaient, les voisins se plaignaient.

En cas de dispute, c'est simple, moi, je grimpais aux arbres.

B

1. … mon grand père nous donnait une pièce de 10 francs. **2.** … on allait au lit directement. **3.** … ma mère nous consolait. **4.** … j'étais malheureuse pour la journée. **5.** … je faisais le mur. **6.** … j'allais dans le lit de ma sœur. **7.** … on ne partait jamais bien loin. **8.** … il ne fallait pas parler à table. **9.** … je pouvais me coucher plus tard. **10.** … on était gardés par Jean François. **11.** … ça me rendait malade de jalousie. **12.** … c'était le bordel [bordel (fam) : il y avait du désordre] dans la cuisine. **13.** … je ne pouvais pas faire de luge. **14.** … ma mère me faisait autre chose.

A

1. Ah Madame, si vous n'avez plus le ticket de caisse, ce n'est pas possible. **2.** Eh bien, si tout le monde est prêt, allons-y ! **3.** Excusez-moi, si le tabac vous dérange, j'éteins ma cigarette. **4.** Ah bon, si tes parents ne sont pas réveillés, je les rappellerai un peu plus tard. **5.** Monsieur, si vous avez perdu votre carte de crédit, il faut très vite faire opposition. **6.** Comment voulez-vous que nous l'arrêtions si vous ne l'avez pas vu. **7.** Si tu n'es pas d'accord, dis-le lui. **8.** Si vous voulez être près d'un hublot, il y a une place dans la partie fumeurs. **9.** Si tu as pas de déca, je ne prendrai pas de café. **10.** Si je te pose cette question, c'est que j'ai une bonne raison pour ça ! **11.** Si tu as vu une étoile filante, j'espère que tu as fait un vœu.

A

1. Je veux bien à condition qu'on ne soit pas trop nombreux. **2.** D'accord ! à condition que la date me convienne. **3.** Je veux bien, mais à condition que je ne sois pas le seul. **4.** J'accepte, mais à une condition, que tu ne le dises à personne. **5.** Je suis d'accord à condition que ça ne dérange personne. **6.** Oui, à condition que je n'aie pas d'autre chose à faire. **7.** Je veux bien à condition que ça ne dure pas trop longtemps. **8.** OK, mais à une condition que ce soit vraiment bien. **9.** Marché conclu à condition qu'on me paye bien. **10.** Je n'accepte qu'à condition que ma femme soit invitée aussi.

C

1. Laisse sonner encore un peu le téléphone au cas où il serait dans le jardin.

2. Je te laisse ma grammaire de français au cas où tu voudrais la consulter.

3. Préparons-nous un sandwich au cas où le restaurant serait fermé.

4. Il faut prévoir un remplaçant pour le match au cas où X serait encore malade.
5. Prévoyez des vêtements chauds au cas où le temps se gâterait.
6. Je vous laisse une procuration pour la réunion au cas où je ne pourrais pas y venir.
7. Pourrais-tu te procurer un programme de cinéma au cas où on voudrait y aller ce soir.
8. Faites une photocopie de ce document au cas où on perdrait l'original.

PAGE 194

A

1. … ils nous téléphoneront sûrement. **2.** … je peux vous aider. **3.** … faites-le entrer tout de suite. **4.** … ressers-toi ! **5.** … il faut commencer à y penser. **6.** … je ne lui annoncerai pas la nouvelle. **7.** … pourquoi ne pas revenir me voir ? **8.** … dites-lui bonjour de ma part. **9.** … il faut craindre le pire. **10.** … c'est qu'il s'est passé quelque chose. **11.** … j'abandonne. **12.** … ils auront sûrement laissé un message sur le répondeur. **13.** … on s'adaptera. **14.** … il a dû être bloqué par les manifestations. **15.** … il ne pourra pas venir à la réunion.

PAGE 195

A

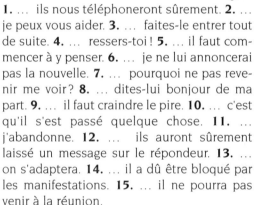

« On va jouer au portrait chinois. Alors si tu étais un animal qu'est-ce que tu serais ?
– Si j'étais un animal, j'aimerais bien être une girafe pour voir les choses de plus haut.
– Un art ?
– Un art, je serais la sculpture parce que c'est le plus sensuel des arts.
– Un chiffre ?
– Si j'étais un chiffre, je serais le zéro parce que j'aime les chiffres ronds.
– Un siècle ?
– Ça m'intéressait d'être le dernier siècle parce que j'aimerais savoir comment a évolué l'humanité et notre planète.
– Si tu étais une couleur ?
– Si j'étais une couleur, j'aimerais être le rouge ou le jaune, les couleurs du feu.
– Un métal ?
– Ah, j'aimerais pas être un métal.

– Et toi, René si tu étais une fleur ?
– Si j'étais une seule fleur, ça ne me plairait pas mais j'aimerais bien être un bouquet de fleurs des champs.
– Un livre ?
– Si j'étais un livre, je serais un livre de chansons ou un atlas.
– Une langue ?
– Une langue, j'aimerais être l'italien ou le russe.
– Un instrument de musique ?
– Si j'étais un instrument de musique, ça me plairait beaucoup d'être un violoncelle pour sa sonorité forte et douce.
– Si tu devais devenir un vêtement ?
– Je choisirais peut-être d'être une écharpe.
– Et un objet ?
– Si on me transformait en objet, ça ne me déplairait pas d'être transformé en lampe.

PAGE 196

A

2. coûtait / augmenterait **3.** baissait / utiliseraient **4.** n'étaient pas / regarderaient **5.** faisaient / changerait **6.** augmentait / pourraient **7.** ne se dopait / ne serait plus **8.** triplait / fumerait

B

Le nombre d'accidents de la route diminuerait … .

1. si on supprimait les autoroutes. **2.** si on interdisait de rouler par temps de brouillard ou de pluie. **3.** si on interdisait d'utiliser la radio et le téléphone en voiture. **4.** si les peines de prison pour excès de vitesse étaient plus fréquentes. **5.** si on réglementait le transport des enfants turbulents. **6.** si on augmentait le nombre de radars et contrôles. **7.** si les campagnes de sécurité étaient plus efficaces.

La violence et la criminalité diminueraient …

1. si on diffusait … **2.** si on réduisait … **3.** si on rétablissait … **4.** si on supprimait … **5.** si on mettait en place … **6.** si on alourdissait … **7.** s'il y avait du travail …

PAGE 197

A

1. Si je pouvais … je le ferais. 2. Si mes amis devaient … je les suivrais. 3. Si j'avais le temps … j'irais … 4. Si je pouvais … je cesserais … 5. Si j'écrivais un livre, ce serait … 6. Si j'avais la possibilité … j'en changerais … . 7. Si je le pouvais, j'irais … 8. Si je parlais … je chercherais … 9. Si j'étais connecté … je passerais … 10. Si je gagnais … je partirais …

B

1. Où vous cacheriez-vous si la police vous recherchait? 2. Avec qui et où partiriez-vous si vous gagniez un voyage? 3. Quel livre choisiriez-vous si vous passiez un mois seul? 4. Où émigreriez-vous si vous ne pouviez pas rester dans votre pays? 5. Comment réagiriez-vous si vous receviez des lettres anonymes? 6. Que feriez-vous si un ours vous poursuivait? 7. Si vous aviez un âne, comment l'appelleriez-vous? 8. Comment organiseriez-vous vos journées si vous étiez immortel? 9. Où pénétreriez-vous si vous aviez le don de passer à travers les murs?

PAGE 198

A

1. si quelqu'un vous offrait … le mettriez-vous? 2. Si vous saviez … écouteriez-vous …? 3. si on oubliait … demanderiez-vous …? 4. si quelqu'un s'endormait … le réveilleriez-vous ou le laisseriez-vous … ? 5. Si vous appreniez …, feriez-vous … ? 6. Si quelqu'un vous demandait … le feriez-vous? 7. Si l'administration fiscale se trompait …, la préviendriez-vous … ? 8. Si un ami oubliait … la lui réclameriez-vous? 9. Si quelqu'un piquait … comment réagiriez-vous? 10. Si vous voyiez …, interviendriez-vous? 11. Si vous trouviez … qu'en feriez-vous? 12. Si quelqu'un oubliait … la fermeriez-vous? 13. Si un ami vous invitait … comment réagiriez-vous? 14. Si un adulte vous tirait … que feriez-vous?

B

Dialogue 1   Deux étudiantes
– Si je ne réussis pas mon examen cette fois-ci, je ne comprendrais vraiment pas.
– Moi, c'est si je réussissais que je ne comprendrais pas.

Dialogue 2   Deux parieurs
– Si le 9 gagne, je gagne!
– Parce que tu t'imagines qu'il peut gagner!
– Ben, pourquoi pas?
– Il n'a jamais gagné.
– On peut rêver. Si pour une fois il gagnait, …

Dialogue 3   Deux cambrioleurs
– Et si les propriétaires reviennent, qu'est-ce qu'on fait?
– Il sont en vacances, j'te dis!
– Peut-être, mais s'ils revenaient, qu'est-ce qu'on ferait?
– Je te dis que c'est pas possible!
– Oui, mais suppose qu'ils reviennent …
– Puisque je te dis que ça risque rien! Passe-moi la pince!

PAGE 199

A

1. Supposez que vous soyez analphabète.
– Si j'étais analphabète, je ne pourrais pas éplucher les petites annonces.
– Si j'étais analphabète, je me serais déjà inscrit aux cours du soir.
2. Supposez que vos parents ne se soient pas rencontrés.
Si mes parents ne s'étaient pas rencontrés, ils n'auraient pas eu la chance de m'avoir.
Si mes parents ne s'étaient pas rencontrés, je n'existerais pas.
3. Supposez que les vaccins n'aient pas été découverts.
Si les vaccins n'avaient pas été découverts, des chercheurs seraient en train d'y travailler.
Si les vaccins n'avaient pas été découverts, la mortalité infantile n'aurait pas autant baissé.
4. Imaginez que vous parliez une trentaine de langues.
– Si je parlais une trentaine de langues, le français serait certainement l'une d'entre elles.

– Si je parlais une trentaine de langues, j'aurais eu de nombreuses propositions de travail, c'est sûr.

5. Imaginez maintenant que les humains aient quatre pattes.

– Si les humains avaient quatre pattes, ils auraient bien du mal à mettre un pantalon.

– Si les humains avaient quatre pattes, leur cerveau ne se serait pas autant développé.

6. Imaginez enfin que vous soyez immortel.

– Si j'étais immortelle, je souhaiterais être mortelle.

– Si j'étais immortelle, j'aurais déjà enterré tous mes descendants.

B

SI + IMPARFAIT / CONDITIONNEL PRÉSENT
SI = IMPARFAIT / CONDITIONNEL PASSE
SI = PLUS QUE PARFAIT / CONDITIONNEL PRÉSENT
SI = PLUS QUE PARFAIT / CONDITIONNEL PASSE

C

Dialogues

1. Tu avais mis ton réveil ce matin ? – Oh oui, sinon, je ne me serais jamais réveillé ! **2.** Vous êtes sûr qu'il est chez lui ? – Sinon il m'aurait prévenu. **3.** Vous aviez un sponsor pour votre tour du monde. ? – Évidemment, sinon nous n'aurions pas pu le faire. **4.** Tu n'as pas reçu mon invitation ? – Non, je ne l'ai pas reçue, sinon je serais venu à la fête. **5.** Tu t'étais réinscrit pour les examens de septembre ? – En juillet, oui, sinon je n'aurais pas pu me présenter aux épreuves.

PAGE 200

A

1. Si je savais cuisiner / Si j'avais appris à cuisiner

2. S'ils habitaient toujours à Bruxelles / S'ils n'avaient pas déménagé à Genève

3. S'il n'était pas au chômage / S'il n'avait pas été licencié

4. Si tu ne parlais pas espagnol / Si tu n'avais pas étudié l'espagnol

5. Si X était député / S'il n'avait pas été élu député

6. Si elle n'était pas orpheline / Si elle n'avait pas perdu ses parents

7. Si elle avait toute sa tête / Si elle n'avait pas perdu la tête

8. Si tu avais ton permis de conduire / Si tu avais passé ton permis de conduire

9. Si le condamné était encore en prison / Si le prisonnier n'avait pas été libéré

10. Si le repas était prêt / Si quelqu'un avait préparé le repas

B

Exemple de réponses

1. Si je savais cuisiner, je t'inviterais à manger chez moi.

Si j'avais appris à cuisiner, je mangerais moins souvent au restaurant.

2. S'ils habitaient toujours à Bruxelles, on pourrait les voir plus souvent.

S'ils n'avaient pas déménagé à Genève, nos relations se seraient moins espacées.

3. S'il n'était pas au chômage, il ne serait pas déprimé.

S'il n'avait pas été licencié, il ne serait pas retourné vivre chez ses parents.

4. Si tu ne parlais pas espagnol, tu n'apprendrais pas aussi facilement l'italien.

Si tu n'avais pas étudié l'espagnol, tu n'aurais pas rencontré l'homme de ta vie !

5. Si X était député, il aurait peut-être une voiture de fonction.

S'il n'avait pas été élu député, il se serait présenté aux municipales.

6. Si elle n'était pas orpheline, elle serait plus heureuse.

Si elle n'avait pas perdu ses parents, elle aurait eu une enfance moins douloureuse.

7. Si elle avait toute sa tête, on pourrait lui expliquer.

Si elle n'avait pas perdu la tête, elle ne serait pas dans cette maison de santé.

8. Si tu avais ton permis de conduire, je pourrais te prêter ma voiture.

Si tu avais passé ton permis de conduire, tu serais plus libre de tes mouvements.

9. Si le condamné était encore en prison, on pourrait l'interroger.

Si le prisonnier n'avait pas été libéré, il n'y aurait pas récidivé.
10. Si le repas était prêt, on pourrait se mettre à table.
Si quelqu'un avait préparé le repas, on ne serait pas obligés d'aller au restaurant.

PAGE 201

A

Phrases négatives : 1. à moins que le sujet ne vous intéresse pas. **5.** à moins que vous n'en ayez pas envie. **6.** à moins que vous ne puissiez pas.

B

1. Si on tombe du 8ème étage, on se tue, à moins d'être arrêté dans sa chute, à moins d'un miracle. **2.** Quand on met un plat au four, il cuit … sauf bien sûr si vous oubliez d'allumer le four ou si l'électricité est coupée pendant la cuisson. **3.** Quand on rencontre quelqu'un qu'on connaît, on le salue, à moins qu'on ait quelque chose contre lui. **4.** Quand on ne comprend pas, on demande des explications à moins qu'on soit timide, qu'on ait peur de la personne qui explique. **5.** Quand on a la peau fragile, on prend des coups de soleil, à moins qu'on ait mis de l'écran total. **6.** Si on n'a plus faim, on s'arrête de manger sauf si on est boulimique. **7.** Quand on épluche les oignons, on pleure, sauf si on se place au dessus d'une bassine d'eau. **8.** Quand le réveil sonne, on se lève, sauf si on ne l'a pas entendu.

PAGE 202

A

1. … je l'avais la mention très bien ! **2.** … je partais ! **3.** … j'abandonnais ! **4.** … il me tuait ! **5.** … la voiture me renversait ! **6.** … je réalisais mon rêve, j'allais en Australie ! **7.** … je ne pouvais pas reprendre l'exploitation de mon père ! **8.** … nous pouvions gagner les élections.

B

1. Si j'avais obtenu un point de plus, j'aurais eu la mention très bien ! **2.** Si elle m'avait dit un mot blessant de plus, je serais partie !

3. Si tu n'avais pas été là, j'aurais abandonné ! **4.** Si j'avais fait un seul mouvement, il m'aurait tué ! **5.** Si tu n'avais pas crié, la voiture m'aurait renversé ! **6.** Si j'avais eu une bourse, j'aurais réalisé mon rêve, je serais allé en Australie ! **7.** Si je n'avais pas eu ce prêt, je n'aurais pas pu reprendre l'exploitation de mon père ! **8.** S'il y avait eu un accord entre nos deux formations, nous aurions pu gagner les élections.

C

1. Si tu avais été là … **2.** Si vous ne m'aviez pas retenu … **3.** Si vous l'aviez goûté ce vin … **4.** Si tu me l'avais demandé gentiment … **5.** Si vous aviez été mieux entraînés … **6.** Si tu me le demandais … **7.** Si tu me l'avais demandé … **8.** Si je n'avais pas freiné …

PAGE 203

si + **imparfait**

• CONDITIONNEL PRÉSENT

1. Si la grève s'arrêtait … nous partirions **2.** Si tu rangeais … tu retrouverais … **3.** Si votre père vivait … il serait fier … **4.** Si je pouvais prendre … j'irais en Suisse. **5.** Si tu nous téléphonais … tu nous ferais plaisir.

• CONDITIONNEL PASSÉ

1. Si tu n'étais pas … je ne t'aurais pas pardonné. **2.** Si elle ne vous aimait pas, elle vous aurait quitté … **3.** S'il n'était pas allergique … il aurait pris un chat. **4.** S'ils étaient … ils m'auraient demandé …

si + **plus-que-parfait**

• CONDITIONNEL PRÉSENT

1. Si tu t'étais couché … tu serais … **2.** Si vous m'aviez écouté, le problème serait déjà réglé. **3.** Si quelqu'un m'avait posé … je m'en souviendrais … **4.** Si vous vous étiez présenté … vous seriez président …

• CONDITIONNEL PASSÉ

1. Si on n'avait pas pu … tout aurait brûlé. **2.** Si nous n'avions pas protesté, le projet aurait été adopté. **3.** Si vous aviez réfléchi, vous n'auriez pas accepté. **4.** Si le train n'avait pas eu … nous l'aurions raté. **5.** Si vous aviez laissé … la secrétaire aurait pu vous prévenir.

CHAPITRE 14

Expression de la finalité et de la causalité (*but, cause, conséquence*)

PAGE 205

A

Cause

parce que les bonnes choses ont une fin.
par curiosité ou par nécessité.
parce que la nature en a décidé ainsi.
parce qu'ils veulent voir le jour.
à cause du manque d'espace.

But

pour avoir des jouets.
pour voir à qui ils ressemblent.
pour faire plaisir à leurs parents.
afin de couper le cordon avec leur mère.
pour la simple raison qu'ils n'ont plus de place.
pour qu'on s'occupe d'eux.

Cause et but

de peur qu'on les oublie = parce qu'ils ont peur de.= pour ne pas …
de crainte de devenir encombrants = parce qu'ils craignent de = pour ne pas … …

B

Exemples de réponses

1. par timidité, par coquetterie, parce qu'elles ont chaud, parce qu'elles sont en colère, à cause du soleil, pour qu'on les remarque. **2.** parce qu'ils sont heureux, pour manifester leur tristesse, pour qu'on s'occupe d'eux, afin d'être consolés. **3.** pour animer la nature, de crainte qu'on les oublie, parce qu'ils n'aiment pas le silence. **4.** pour nous laisser dormir, parce que la terre tourne, parce que c'est épuisant de rester dans le ciel, parce qu'il va réveiller l'autre partie du monde, pour qu'on puisse voir les étoiles. **5.** pour faire comme les autres, de peur d'être seuls, par amour, par tradition, par devoir, pour fonder une famille, à cause des impôts, pour échapper à leurs parents, pour faire des bébés. **6.** pour qu'on les remarque, pour qu'on ne les remarque pas, par conformisme, par coquetterie, par crainte d'être démodé. **7.** parce qu'ils s'expriment autrement, parce que leurs muscles faciaux ne le leur permettent pas, pour ne pas faire comme nous. **8.** parce qu'ils aiment aller chanter à l'église, pour se rassurer, par angoisse métaphysique, parce qu'il existe, parce ce qu'ils ont peur du vide et de la mort, par tradition, par naïveté, pour être heureux après la mort.

C

Pourquoi écrit-on des lettres d'amour ?
Parce que n'importe qui est capable d'envoyer des fleurs
Parce qu'on veut se rapprocher de l'absent
Parce qu'on n'ose pas dire son amour à l'être aimé
Parce qu'une lettre est plus convaincante que des paroles. Elle permet de s'exprimer sans précipitation
Parce qu'une lettre permet à son destinataire de réagir sans témoin, de réfléchir aux propositions et de répondre au moment de son choix
Parce qu'une lettre est parfois la seule trace qui reste d'un amour évanoui et aussi parce que quelqu'un attend nos lettres

Michelle LOVRIC L'*art d'écrire des lettres d'amour* Albin Michel.

Ecrire pour apprendre à écrire. Apprendre à parler.
Ecrire pour ne plus avoir peur.
Ecrire pour soustraire des instants de vie à l'érosion du temps.
Ecrire pour donner sens à ma vie.
Ecrire pour être moins seul. Pour parler à mon semblable.
Ecrire pour mieux vivre. Mieux participer à la vie. Apprendre à mieux aimer

Charles JULIET, E*changes*, Paroles d'Aube.

PAGE 206

A

2. Comment s'explique le vieillissement de la France? **3.** Qu'est-ce qui a provoqué la forte hausse du niveau de la mer? **4.** A quoi est due la baisse des prix des voyages pendant la morte saison? **5.** Quels sont les principaux responsables de l'effet de serre? **6.** Quelles sont les raisons de l'écart entre l'espérance de vie des hommes et des femmes?

PAGE 207

A

1. Qu'est-ce qui vous fait rougir? **2.** Qu'est-ce qui vous fait perdre votre sang-froid? **3.** Qu'est-ce qui vous rend heureux? Qu'est-ce qui vous fait sourire? **4.** Qu'est-ce qui t'a fait changer d'avis? **5.** Qu'est-ce qui vous pousse à agir ainsi? **6.** Qu'est ce qui vous rend triste? **7.** Qu'est-ce qui vous fait rire? **8.** Qu'est-ce qui rendrait la vie plus agréable?

B

« Ah vous voilà Mademoiselle Fauré. Pourriez-vous m'expliquer les raisons de votre retard?

– Ecoutez je suis désolée, je suis tombée en panne d'essence.

– Et pourquoi n'êtes-vous pas passée à mon bureau en arrivant?

– Parce que j'étais tellement en retard et en plus le téléphone sonnait.

– Comment se fait-il que vous n'ayez pas encore faxé les documents que je vous ai donnés hier?

– Parce qu'il y avait plus de papier … mais j'ai fait la commande hier.

– J'aimerais aussi savoir ce que signifie votre attitude hostile vis-à-vis de ma nouvelle associée?

– Ben, comme elle ne m'a pas dit bonjour, je ne lui ai pas dit bonjour non plus!

– Encore une question, vous vous êtes absentée hier après-midi, pour quelles raisons?

– Hier après midi, j'avais visite médicale, Monsieur et c'est obligatoire!

– Ah oui, et sous quel prétexte vous absenterez-vous la prochaine fois?

– Ah je ne suis pas devin …

– Puis-je savoir aussi en quel honneur vous avez invité vos collègues à boire le champagne hier dans votre bureau?

– Parce que j'attends un heureux événement.

– Vous allez donc nous quitter quelque temps?

– Ah, il faudra bien Monsieur le Directeur … »

PAGE 208

A

Exemples de réponses

1. S'il y a des travailleurs au noir, c'est qu'il y a des employeurs au noir / c'est à cause de l'importance des cotisations sociales / c'est que le travail au noir échappe à l'imposition. **2.** Si les chaînes de restauration rapide s'installent partout c'est que les États-Unis ont déteint sur nous / c'est que les gens sont de plus en plus pressés / c'est que les jeunes adorent ça. **3.** Si malgré la télévision la radio n'a pas disparu, c'est que celle-ci est de qualité / c'est qu'elle correspond à une autre demande. **4.** Si la justice est lente, c'est par prudence / c'est à cause du grand nombre de dossiers / c'est qu'il n'y a pas assez de magistrats / c'est que le droit est devenu très complexe. **5.** Si les jeux d'argent ont autant de succès, c'est que les gens ont besoin d'espérer / c'est que la publicité en est bien faite / c'est que l'État y a intérêt. **6.** Si des firmes sponsorisent des courses transatlantiques très coûteuses, c'est par amour de la voile / c'est pour leur image de marque / c'est parce que ça leur rapporte plus que ça ne leur coûte. **7.** Si les frais de santé augmentent, c'est que tout le monde a accès à la santé / c'est que les gens vivent plus vieux / c'est que les médecins prescrivent trop. **8.** Si les gens émigrent, c'est pour des raisons économiques / c'est par curiosité / par esprit d'aventure / c'est à cause de la situation politique dans leur pays / c'est pour nourrir leur famille / c'est parce qu'on a fait appel à leurs compétences.

B

S'il y a des traces de sang sur le tapis, c'est que quelqu'un a été blessé.

Si la victime a disparu, c'est que quelqu'un l'a fait disparaître.

Si la femme de ménage a entendu frapper à la porte, c'est qu'il y avait quelqu'un derrière la porte à ce moment-là.

PAGE 209

B

1. Ce n'est pas parce que je n'en ai pas le droit que je ne fais pas de sport, c'est parce que je n'ai pas le temps / ce n'est pas parce que je n'ai pas le temps que je ne fais pas de sport, c'est parce que je n'en ai pas le droit. **2.** Ce n'est pas parce qu'elle est riche qu'il a épousé Melle X, c'est parce qu'il l'aime /ce n'est pas parce qu'il l'aime qu'il a épousé Melle X, c'est parce qu'elle est riche. **3.** Ce n'est pas parce que je ne sais pas danser que je ne danse pas, c'est parce que je n'aime pas ça / ce n'est pas parce que je n'aime pas ça que je ne danse pas, c'est parce que je ne sais pas danser. **4.** Ce n'est pas parce qu'elle a été licenciée qu'elle a changé de travail, c'est parce qu'elle aime le changement / Ce n'est pas parce qu'elle aime le changement qu'elle a changé de travail, c'est parce qu'elle a été licenciée. **5.** Ce n'est pas parce que je connais X que je vote pour lui, c'est parce qu'il a un bon programme / Ce n'est pas parce qu'il a un bon programme que je vote pour X, c'est parce que je le connais. **6.** Ce n'est pas parce qu'il est timide qu'il est silencieux, c'est parce qu'il n'a rien à dire / Ce n'est pas parce qu'il n'a rien à dire qu'il est silencieux, c'est parce qu'il est timide. **7.** Ce n'est pas parce que tu n'as pas de mémoire que tu ne retiens rien, c'est parce que tu ne t'intéresses à rien. Ce n'est pas parce que tu ne t'intéresses à rien que tu ne retiens rien, c'est que tu n'as pas de mémoire. **8.** Ce n'est pas parce qu'il ne mange pas que cet enfant ne grandit pas, c'est parce qu'il manque d'hormones de croissance / Ce n'est pas parce qu'il manque d'hormones de crois-sance que cet enfant ne grandit pas, c'est parce qu'il ne mange pas.

PAGE 210

A

1. pour qu'on ne vous fasse pas peur ? **2.** pour que quelqu'un vous dise quelque chose ? **3.** pour qu'on ne vous dérange pas ? **4.** pour qu'on vous donne, prête ou rende de l'argent ? **5.** pour qu'on prenne soin de vos affaires ? **6.** pour qu'on ne vous punisse pas ? **7.** afin que vos parents vous permettent de sortir le soir ? **8.** pour que quelqu'un fasse quelque chose qu'il n'a pas envie de faire ? **9.** afin que l'on vous croie ? **10.** pour qu'on vous laisse tranquille, qu'on ne vous importune pas ?

C

Exemples de réponses

1. Pour qu'un vêtement me plaise, il faut que je m'y sente à l'aise / qu'il soit gai / pratique / original / il suffit que Claudia Schiffer le porte / il faut que son prix soit abordable / il faut qu'il soit original / il faut qu'il mette mes charmes en valeur / il suffit qu'il soit rouge. **2. Pour qu'un mariage dure long-temps,** il faut beaucoup de patience / de la confiance mutuelle / beaucoup de générosité / de l'amour / une maison confortable / il faut que mari et femme se respectent / il faut que le couple ait à peu près les mêmes intérêts / il faudrait privilégier la discussion / il faudrait que les deux époux soient fidèles / il faut regarder les côtés positifs de l'autre. **3. Pour qu'un enfant soit heureux,** il faut qu'il soit aimé / il lui faut beaucoup d'affection / il faudrait qu'il ait une maman comme la mienne / il faut beaucoup d'amour / il faut qu'on s'intéresse à lui / il faut lui donner des cadeaux / il lui faut des amis /.il faut qu'il vive dans une bonne ambiance familiale / il faut d'abord que les parents soient heureux / il suffit qu'il soit en bonne santé / il faut que ses parents soient compréhensifs. **4. Pour que les hommes coexistent en paix,** il faudrait qu'il n'y ait pas de femmes / il faudrait qu'il y ait plus de femmes au pouvoir / il faudrait qu'ils soient plus tolérants / il faudrait qu'ils changent beaucoup / il faudrait détruire le monde qu'ils ont inventé / il faudrait qu'ils oublient leurs différences. **5. Pour que les progrès scientifiques n'aient pas d'effets négatifs,** il faudrait contrôler par des lois sévères l'utilisation et la diffusion des progrès dans le domaine de la génétique. **6. Pour que la nature ne soit ni pillée ni dégradée,** il faudrait changer de politique / il faudrait réprimer les abus plus sévèrement / il faut que tout le monde la protège / il faudrait des lois plus fermes / il faudrait simplement la respecter / il faudrait avoir conscience de ses responsabilités / il suffirait de supprimer les hommes / il faudrait que les hommes changent de mode de vie / il faut interdire l'usage de certains produits. **7. Pour qu'une journée soit bonne,** il faut que j'aie bien dormi / il faut se lever du bon pied / il me faut du soleil / il me faut un bon petit déjeuner / il faut qu'elle me réserve des surprises / il suffit qu'elle commence bien / il faut avoir bien dormi / il faut qu'elle commence par de la gymnastique et une douche / il faut regarder de temps en temps le ciel / il faut rencontrer des personnes aimables. **8. Pour qu'une vie d'étudiant soit à la fois agréable et fructueuse,** il faut des profs intéressants / il faut une bonne organisation / il faut avoir des ressources suffisantes / il faut des amis et de l'argent / il faut que l'étudiant aime ce qu'il fait /il faudrait qu'il y ait beaucoup moins de cours / il faut étudier en s'amusant / il ne faut surtout pas oublier de faire la fête.

PAGE 211

A

• ... de crainte d'y rester bloqués • ... de crainte qu'on ne se moque d'eux • ... de peur de grossir • ... de crainte qu'ils ne soient radioactifs • ... de peur qu'on le leur vole • ... de crainte de le dépenser • ... de peur qu'ils déteignent à la lumière • ... de peur qu'on leur en pose • ... de crainte qu'on la leur refuse • ... de peur d'avoir un accident • ... de crainte d'avoir à divorcer.

B
Exemples de réponses

1. de peur d'être grondés / de crainte qu'il (ne) se mette en colère / pour ne pas l'inquiéter. **2.** de crainte de s'être trompé. **3.** pour ne pas les alarmer / de crainte de susciter une réaction de panique. **4.** de crainte de vous importuner /pour ne pas vous déranger. **5.** de crainte de donner le signal du départ en partant / pour ne pas interrompre la conversation. **6.** de peur qu'il (ne) me rappelle / pour ne pas être dérangé. **7.** de peur qu'on (ne) la découvre / de crainte d'être accusé de dissimulation, de faux témoignage. **8.** de crainte qu'on (ne) le reconnaisse / pour ne pas être harcelé par les journalistes. **9.** de peur d'être l'objet de menaces / pour ne pas être inquiétés. **10.** de peur d'être à nouveau cambriolé, pour décourager les voleurs.

PAGE 212

1. parce que... **2.** rendre + adjectif / faire + infinitif / à cause de... / car. **3.** grâce à... **4.** (participe présent) n'ayant..., ne voulant... **5.** Puisque... **6.** sous prétexte que... / parce que ... **7.** par **8.** Étant donné que... **9.** Si ... ce n'est pas c'est que... faute de..., de peur de... **10.** ce n'est par parce que ... que ... c'est parce que... **11.** à force de... **12.** Si ... c'est parce que...

PAGE 213

B
Exemples de réponses

1. j'éteins mon cigare. **2.** j'accepte. **3.** je change de compartiment. **4.** demande à X si ce n'est pas vrai. **5.** nous pouvons passer à une autre question de l'ordre du jour. **6.** dis-le lui. **7.** sortons, on trouvera bien un autre restaurant. **8.** vous pouvez m'expliquer ? **9.** mieux vaut attendre qu'elles arrivent pour commencer. **10.** je m'en vais.

PAGE 214

A

1. ..., vous allez devoir attendre un quart d'heure. **2.** ..., ne me prenez aucun rendez-vous. **3.** ..., j'ai refusé le rôle. **4.** ..., j'ai changé de style. **5.** ..., je demande au jury d'être indulgent.

B

1. Comme je passais devant chez mes amis, j'ai sonné et comme ils étaient en train de dîner, ils m'ont invité. **2.** Comme il faisait chaud, elle s'est assise sous un arbre et comme elle était bien, elle s'est endormie. **3.** Comme ma voiture était en panne, j'ai voulu prendre le bus mais comme les bus étaient en grève, j'ai dû aller à pied. **4.** Comme il aimait sa cousine, il voulait / il a voulu l'épouser, mais comme ses parents ne voulaient pas/n'ont pas voulu, il a épousé sa voisine. **5.** Comme il était pressé, il a pris un sens interdit mais comme il y avait un policier, le policier l'a arrêté et lui a retiré son permis. **6.** Comme nous sommes arrivés en pleine nuit et qu'on ne voulait pas déranger nos amis, nous avons cherché un hôtel dans le village mais comme il n'y avait pas d'hôtel, nous avons dormi dans la voiture. **7.** Comme il aimait le feu, il est devenu pompier mais comme il n'y avait pas assez d'incendie, il allumait les feux lui-même.

C

Exemples de réponses

1. ... mais comme je n'ai pas le temps je ne peux pas. **2.** ... mais comme ils ne disent pas un mot de français, je dois travailler seul. **3.** ... mais comme personne ne me le demande, vous ne saurez pas ce que je pense. **4.** ... mais comme elle n'en a pas, elle ne peut rien pour toi. **5.** ... mais comme il n'a aucune chance d'être élu, je vais « voter utile ». **6.** ... mais comme vous ne m'aviez pas prévenu, j'ai prévu autre chose. **7.** ... mais comme je l'ai déjà prêté, je ne peux pas te le passer. **8.** ... mais comme on a besoin de lui dans sa boite, il ne peut pas la prendre.

PAGE 215

A

1. A la suite d'une défaillance ..., du fait de ... 2. grâce au mondial ... 3. faute de neige ... 4. en raison d'importantes ... 5. grâce à ... 6. sous l'influence de ... 7. faute d'être vacciné

/ car ... 8. à cause des inondations ... 9. faute de place / les abandons se multipliant ... 10. à force d'être soumis ... . 11. grâce à l'électricité.

B

• ... car ils s'ennuient à l'école. • ... car la folie isole et enferme • ... car les postes sont moins nombreux que les candidats.

PAGE 216

A

1. Les routes sont glissantes à cause du gel et de la pluie. **2.** Il a pu continuer ses études grâce à sa bourse. **3.** Cette nuit je n'ai pas pu dormir à cause du bruit. **4.** C'est à cause de toi que je suis en retard. **5.** J'ai compris grâce à vos explications lumineuses. **6.** Nous avons dû faire un détour à cause des travaux. **7.** Il a raté son permis à cause d'une erreur de conduite. **8.** Il a retrouvé ses parents grâce à une émission de télévision. **9.** Peut-on se faire comprendre grâce au mime ?

C

1. Sur une vitrine de magasin ... **2.** à un croisement de routes ... **3.** A l'entrée d'une autoroute ou d'une ville ... **4.** dans une station de ski ... **5.** sur des arrêts de bus ... **6.** dans un wagon bar ... **7.** dans un port ... **8.** à la télévision ... **9.** dans un grand magasin ...

PAGE 217

A

1. à force de crier. **2.** à force de se plaindre. **3.** à force d'entendre des témoignages. **4.** à force de me contredire. **5.** à force de réfléchir. **6.** à force de travailler régulièrement ton piano. **7.** à force de te mêler des affaires des autres. **8.** à force de tousser. **9.** à force de discuter.

B

Exemples de réponses

1. On peut échouer dans ses études faute de temps, de méthode, de courage, d'envie, de travail, de rigueur. **2.** On peut ne pas prendre de vacances faute de temps, d'argent ou d'envie. **3.** Une entreprise peut être obligée de fermer ses portes faute de personnel qualifié, de débouchés, de commandes, de travail. **4.** Un coupable peut ne pas être condamné faute de preuves. **5.** Un écrivain peut rester des heures sans écrire faute d'imagination, d'inspiration, d'idées.

A

1. pour espionnage … pour avoir fourni des renseignements … **2.** pour avoir embrassé sa petite voisine … **3.** pour indécence, pour s'être promenée torse nu **4.** pour avoir fraudé … **5.** pour n'avoir pas consulté les délégués du personnel … **6.** pour contrebande … pour avoir facilité le passage de cigarettes de contrebande. .

B

1. … a été arrêté pour avoir brûlé un feu rouge. **2.** … a été décoré pour avoir sauvé… **3.** … ont été exclus pour avoir manifesté … **4.** … a été récompensé pour avoir retrouvé le chien d'un banquier. **5.** … a été condamné et renvoyé pour avoir aidé un prisonnier à s'évader. **6.** … a été licencié pour avoir giflé … **7.** … a été destitué de sa fonction pour avoir fait un faux témoignage. **8.** … ont été exécutés pour avoir refusé de combattre et déserté.

C

Exemples de réponses

On peut … par

2. … **fuir** une situation par lâcheté, par discrétion, par manque de courage, par peur. **3. proposer** de l'aide à quelqu'un par calcul, par sympathie. **4. travailler** par goût, par obligation, par nécessité, par habitude. **5. se marier** par amour, par intérêt, par hasard, par dépit, par obligation. **6. manger** par habitude, par goût, par nécessité, par plaisir, par gourmandise. **7. sourire** par politesse, par gentillesse, par calcul, par habitude, par courtoisie, par sympathie…

On peut … pour

3. être apprécié pour ses talents, sa gentillesse, sa disponibilité. **4.** être félicité pour son courage, sa ténacité. **5.** être embauché pour ses compétences techniques, son expérience, pour ses relations, pour son charisme.

6. être mis en examen, jugé ou condamné pour vol, fraude, espionnage, viol…

A

1. N'ayant pas reçu la commande de … que j'ai passée il y a deux semaines, je souhaiterais avoir des explications sur ce retard. En effet vous m'aviez assuré par fax le jour de la réception de ma commande que je serai livré dans les huit jours. Si la livraison n'est pas effectuée dans les deux jours, je me verrai obligée d'annuler ma commande.
2. Ne pouvant pas assister à la réunion de demain matin, je te laisse une procuration. Fais-en bon usage.
3. N'ayant pas réussi à vous joindre par téléphone malgré les nombreux messages que j'ai laissés sur votre répondeur, je vous envoie ce mot. Il est urgent que nous nous voyons. Je ne peux pas vous en dire plus, mais croyez-moi, c'est important.

B

1. Étant donné mon budget et le prix des chambres d'hôtel, je camperai. **2.** Étant donné qu'il ne répond jamais, je ne lui écris plus. **3.** Vu son état de fatigue, pas avant plusieurs jours. **4.** Étant donné qu'il y a d'excellents candidats, mes chances sont minces. **5.** Étant donné l'ordre du jour, elle risque de se prolonger très tard. **6.** Vu le poids des valises, certainement. **7.** Vu les circonstances, on attend.

A

• Je n'ai pas pu venir ; ma voiture était en panne
• Le match a été annulé, le terrain était gelé
• Le voleur portait des gants, on n'a retrouvé aucune empreinte.
• La réunion n'avance pas ; personne n'est d'accord.
• Le professeur est malade, il n'y aura pas de cours.
• On ne peut pas le joindre, il n'a pas le téléphone.

B

1. a) cause **b)** cause **2. a)** conséquence **b)** cause **3. a)** conséquence **b)** cause **4. a)** cause **b)** cause **5. a)** conséquence **b)** cause **6. a)** cause **b)** cause **7. a)** cause **b)** conséquence **8. a)** conséquence **b)** conséquence **c)** cause **9. a)** conséquence **b)** cause **10. a)** cause **b)** conséquence **11. a)** conséquence **b)** cause **12. a)** cause **b)** conséquence

PAGE 221

• Cet individu vient de gagner une forte somme d'argent, *d'où* son air réjoui.

• Cet homme joue *tellement* d'argent aux courses *qu*'il est en train de ruiner sa famille.

• L'homme est *tellement* concentré *qu*'il ne se rend pas compte que quelqu'un vient d'entrer.

• Cet homme vient d'être payé d'un travail ; il vérifie *donc* si le compte y est.

• Cet homme a gagné *si* peu d'argent ce mois-ci *qu*'il ne pourra pas honorer ses factures.

• Il y a une caméra dans la pièce qui est *si* bien cachée *que* l'homme ne se doute pas qu'on le filme.

• Cela fait très longtemps que cet homme n'a pas eu autant d'argent en main, *si bien qu*'il en est tout étonné.

• La fille de cet homme a des ennuis d'argent, il va *donc* falloir qu'il l'aide financièrement.

• L'homme est comptable *si bien qu*'il passe sa vie à compter.

• Cet homme a enfin été payé *de sorte qu*'il va pouvoir régler ses factures en retard.

• L'homme est concentré. *Ainsi* il ne fera pas d'erreurs dans ses calculs.

PAGE 222

A

TELLEMENT/TANT DE + NOM + QUE

• Il y avait beaucoup de monde, tellement de monde qu'on ne voyait pas les tableaux

• Il a serré tellement de mains qu'il en avait des crampes.

• Il y a tellement de marches que je renonce à monter.

• Il y a tant et tant de temps qu'il attend qu'il désespère.

UN(E) TEL(LE) + NOM + QUE

• Il faisait un tel temps qu'on n'a pas pu sortir du port.

• Il y avait une telle foule qu'on est restés bloqués 2 heures.

• Vous montrez un tel enthousiasme que c'est communicatif.

• Après de tels événements, on n'est plus jamais le même.

SI/TELLEMENT + ADJECTIF + QUE

• C'est excellent, c'est si bon que je vais en reprendre !

• C'était tellement émouvant que tout le monde pleurait à la sortie.

• On était tellement serrés qu'on ne pouvait pas bouger.

• C'est tellement lourd ce truc que ce sera difficile.

TELLEMENT + VERBE + QUE

• Ça te change beaucoup, ça te change tellement que c'est à peine si je t'ai reconnue.

• On a beaucoup chanté. On a même tellement chanté qu'on n'avait plus de voix.

• Ils ont tellement promis qu'ils ne pourront pas respecter leurs engagements.

• Ça lui manque tellement que ça la rend malade.

SI/TELLEMENT + ADVERBE + QUE

• Ils parlent si vite que je ne les comprends pas.

• C'est arrivé si soudainement qu'on n'y était pas préparés.

• C'est tellement mal écrit qu'il faut recommencer.

• Vous nous avez reçu si chaleureusement que je ne sais comment vous remercier.

PAGE 223

A

1. Ils ont tellement marché qu'ils (en) ont les pieds blessés. **2.** Ils ont tellement crié qu'ils (en) ont la voix cassée. **3.** Elle a tellement dormi qu'elle (en) a les yeux gonflés **4.** J'ai tellement parlé que j'(en) ai la bouche sèche. **5.** On a tellement applaudi qu'on (en) a les mains rouges. **6.** Elle a couru si vite qu'elle (en) est essoufflée. **7.** Il a serré tellement de mains qu'il en avait des crampes. **8.** J'ai baillé si fort que je m'(en) suis décroché la mâchoire.

B

1. Il dort si profondément que rien ne peut le réveiller. **2.** Elle marche si vite que personne ne peut la suivre. **3.** Tu mens si souvent que personne ne te croit plus. **4.** Il téléphone tellement que sa ligne est toujours occupée. **5.** Ils font tellement de sport qu'ils n'ont pas le temps de faire autre chose. **6.** Je chante tellement faux que je n'ose pas chanter. **7.** Elle est tellement heureuse qu'elle pleure de joie. **8.** Il est tellement timide qu'il ne regarde jamais les gens en face. **9.** Il conduit si vite que personne ne veut monter dans sa voiture. **10.** Elle est tellement passionnée par Internet qu'elle passe ses journées devant son écran. **11.** Elle est tellement impatiente qu'elle ne tient pas en place. **12.** Je bois tellement de café que j'ai des insomnies.

PAGE 224

B

Exemples de réponses

1. au point de faire des dettes. **2.** au point de tomber raides mortes / au point d'être pétrifiées. **3.** au point de vouloir mourir. **4.** au point de sortir en pyjama. **5.** au point de ne pouvoir rien dire / de perdre la voix. **6.** au point qu'elles ne pensent plus qu'à l'objet de leur passion / au point de tout consacrer à leur passion. **7.** au point qu'elles sont méconnaissables / au point que cela change aussi leur façon d'être. **8.** au point de tout donner aux autres. **9.** au point qu'elles peuvent travailler n'importe où. **10.** au point de n'avoir aucune doute.

PAGE 225

B

1. de sorte qu'on puisse / qu'on peut entrer et sortir librement. ≠ Écrit ; ≠ Oral
2. de sorte que tout le monde le voie /le voie ≠ Écrit : pas de ≠ à l'oral
3. de sorte qu'on passe / qu'on passe obligatoirement devant. Aucune ≠ ni à l'écrit ni à l'oral

PAGE 226

A

Exemples de réponses

1. Elle s'était vêtue (simplement) de façon à ce qu'on ne la remarque pas. **2.** Il faudra argumenter (finement) de manière à convaincre / à emporter la décision. **3.** Quittons la pièce (discrètement) de manière à ce qu'on ne nous retienne pas. / quittons la pièce de manière qu'on puisse la nettoyer. **4.** Faites bouillir de l'eau de manière que je puisse stériliser les seringues. **5.** Dépêchons-nous de manière à ne pas manquer le début du film / de manière à prendre le train de 12.54. **6.** La séance a été interrompue de manière à ce que la police puisse évacuer les perturbateurs/ de manière à laisser les participants se restaurer / de manière à calmer les esprits. **7.** Les enfants ont monté l'escalier sur la pointe des pieds de manière à ne pas réveiller leurs parents. **8.** Placez les deux jeunes gens l'un près de l'autre à table de manière qu'ils puissent faire connaissance. **9.** La prison modèle était conçue de façon que personne ne puisse s'en évader.

B

Exemples de réponses

1. de sorte que les chemins étaient impraticables. **2.** de sorte qu'il risque la prison. **3.** si bien qu'il n'a appris sa naissance que huit jours plus tard. **4.** si bien qu'ils ont trouvé ce que je cachais. **5.** si bien qu'elle est toujours sur le qui vive. **6.** si bien que j'ai trouvé tout de suite. **7.** si bien que tout l'immeuble a porté plainte. **8.** si bien qu'elles ne se parlent plus.

PAGE 227

A

1. J'étais pressé, alors j'ai pris le sens interdit. **2.** J'étais sur le point de m'endormir, alors je n'ai pas répondu au téléphone. **3.** Un policier m'a interpellé, alors je me suis mis à courir. **4.** Il n'y avait personne à la caisse, alors je suis sorti sans payer. **5.** Le journaliste m'a posé une question indiscrète alors j'ai refusé de répondre. **6.** Mes études ne me plaisaient pas, alors j'ai changé d'orientation.

C

2. a) Le centre ville était interdit aux voitures, c'est donc que le taux de pollution était très élevé.

b) Le centre ville était interdit aux voitures, nous avons donc évité la ville

3. a) Vous êtes sorti de l'hôpital, **c**'est donc que ça va mieux.

b) Vous êtes sorti de l'hôpital, vous allez donc pouvoir reprendre vos activités.

4. a) Vous n'avez dit ni oui ni non! Donc, vous hésitez encore?

b) Vous n'avez dit ni oui ni non ; je peux donc encore espérer une réponse positive.

5. a) Les routes sont très glissantes. Il a donc dû pleuvoir et geler cette nuit.

b) Les routes sont très glissantes. Elles seront donc dangereuses.

CHAPITRE 15

Opposition/Concession

A

1. beaucoup ≠ peu **2.** la même = **3.** l'un … l'autre pas ≠ **4.** Jean à la différence de Pierre ≠ **5.** identiques = **6.** Ils ont tous deux = **7.** contrairement à ≠ **8.** L'un … l'autre en revanche ≠ **9.** autant l'un que l'autre = **10.** l'un … alors que l'autre ≠ **11.** ils ont en commun = **12.** s'animer ≠ se renfermer **13.** L'un comme l'autre = **14.** pour l'un comme pour l'autre = **15.** l'un … tandis que l'autre ≠ **16.** l'un est aussi … que l'autre est ≠ / renfermé ≠ extraverti **17.** Autant l'un est … autant l'autre est … ≠ / dépensier ≠ économe **18.** l'un … l'autre par contre ≠ / cheveux longs ≠ crâne rasé

Récapitulatif

=

la même …
… identiques
Ils ont tous deux
Ils ont en commun
L'un comme l'autre …
J. et P. … autant l'un que l'autre
Pour l'un comme pour l'autre …
P. ainsi que son frère

≠

Beaucoup, peu
L'un est … l'autre pas
J contrairement à P.
P. s'anime … J. se renferme.
L'un … l'autre en revanche …
L'un … alors que l'autre …
L'un … tandis que l'autre …
L'un est aussi … que l'autre est …
Autant l'un est … autant l'autre est …
L'un … l'autre par contre

A

1. mais en revanche je suis libre comme l'air. **2.** en revanche je leur téléphone régulière-ment. **3.** mais c'est reposant et c'est moins cher. **4.** en revanche ils sont chaleureux et sympathiques. **5.** en revanche j'ai de nom-breuses relations. **6.** par contre je n'aime pas le crépuscule. **7.** en revanche je suis jeune et dynamique. **8.** par contre j'adore les chats. **9.** mais je connais bien le jazz. **10.** par contre j'ai fait beaucoup de chant.

B

1. Au contraire il manque totalement de confiance en lui. **2.** Bien au contraire, ça vous fera du bien. **3.** Il est très lumineux au contraire. **4.** Pas du tout! Au contraire! **5.** Non, non, continuez, ça m'intéresse beau-coup au contraire. **6.** Si, si, au contraire c'est une bonne idée.

C

Exemples de réponses

• Contrairement à ce que pensaient, dans les années 90, la majorité des Français, le nombre d'immigrés n'était pas en augmenta-tion, il était stable.

• Contrairement à ce que je pensais en arri-vant en France tous les Français ne portaient pas un béret et n'avaient pas une baguette sous le bras et toutes les Françaises n'étaient pas élégantes et ne se parfumaient pas avec Chanel n° 5.

B

2. Forêts • tropicales d'Amérique du Sud et d'Asie du Sud : régression • tempérées et froides d'Europe, de Russie et d'Amérique du Nord : augmentation.

3. Epidémie du sida • pays en voie de déve-loppement : progression • Union européenne et Amérique du Nord : recul significatif.

4. Expérience d'aménagement des rythmes scolaires • plaisir d'aller à l'école augmenté et renforcé • résultats scolaires :

pas de progression/stabilité, performances scolaires identiques.

Évaluation de cette expérience

• de la part de l'initiateur : bilan positif.

• de la part du ministre de l'Éducation : bilan critique.

C

Les sénateurs sont élus pour neuf ans, les députés pour cinq ans.

Les sénateurs sont renouvelés par tiers tous les trois ans alors que la chambre des députés est renouvelée entièrement tous les cinq ans.

Les députés sont élus par tous les électeurs alors que les sénateurs, eux, sont élus au suffrage indirect par les grands électeurs (conseillers généraux, régionaux).

PAGE 233

B

Productions d'étudiants

• … alors que les Français au travail parlent sans cesse • … alors que les Français ne le sont pas • … alors que les Français sont plutôt froids • … alors que les Français préfèrent les produits au lait cru • … alors que les Français sont bavards • … alors que les Français mangent plus volontiers du pain frais • … alors que les Français roulent à droite • … alors que les Français révèrent le pain • … alors que les Français mangent plutôt des pommes de terre • … alors que les Français s'autorisent un quart d'heure de retard.

Un exemple de portrait robot

Le Français est un personnage d'un abord assez froid, difficile d'accès. D'un naturel peu discipliné, il n'est pas non plus très ponctuel et s'autorise volontiers un quart d'heure de retard. Le Français bavard de nature passe une partie de son temps de travail à parler. Quels sont ses goûts et ses habitudes ? Il aime cuisiner, mange assis, se nourrit de pain frais qu'il révère et est un fort consommateur de pommes de terre.

C

Quelques exemples de réponses d'étudiants français

Les hommes aiment le camembert alors que les femmes préfèrent le Saint Moret (fromage pasteurisé très crémeux).

Les hommes dirigent le monde tandis que les femmes tirent les ficelles dans l'ombre.

Les femmes portent les enfants et des robes alors que les hommes ne portent ni l'un ni l'autre.

Le matin dans la salle de bain les hommes se rasent tandis que les femmes se maquillent.

Les hommes ont besoin des femmes alors que les femmes peuvent plus facilement se passer d'eux.

Les femmes sont toutes petites et très fragiles alors que les hommes sont très forts et très grands.

PAGE 234

B

1. • alors que sa femme n'aime que les voitures étrangères. (A) • alors qu'il vend des voitures étrangères. (B) **2.** • alors qu'il avait des ampoules aux pieds. (B) • alors qu'hier il était épuisé au bout d'une heure. (A) **3.** • alors qu'il est déjà très endetté. (B) • alors que son épouse est très économe. (A) **4.** • alors qu'elle passera Noël seule. (B) • alors que l'an dernier elle ne l'avait pas fait. (A) **5.** • alors que sa sœur est insouciante. (A) • alors qu'il n'a aucune raison d'être inquiet. (B)

PAGE 236

B

• Bien que nos études soient longues, elles ne sont pas une garantie contre le chômage.

• On n'est pas payés, mais on travaille tous les jours et parfois même la nuit !

• On est de plus en plus nombreux ; il n'empêche que le nombre d'universités n'augmente pas.

• Bien que nous soyons inquiets pour notre avenir, nous savons aussi être insouciants.

• On est très nombreux mais ce n'est pas pour autant que nous sommes entendus ou consultés !

• On est sérieux mais on fait la fête ! L'un n'empêche pas l'autre !

• Bien que nous travaillons tous beaucoup, nous ne réussissons pas tous nos examens.

• Bien que les étudiants ne soient pas riches, ils vont souvent au ciné.

• Nous sommes motivés ..., il n'empêche que nous trouvons la fin de l'année universitaire pénible.

• Si nous obtenons des diplômes, nous ne trouvons pas toujours un travail correspondant à notre niveau de diplôme.

C

Quelques exemples d'un groupe de lycéens français

• Bien que les jeunes travaillent, ils savent s'amuser

• Bien que les jeunes veuillent refaire le monde, ils n'en ont pas toujours la force.

• Bien que les hommes politiques se ressemblent tous, ils n'arrivent pas à accorder leurs violons.

• Bien que les militaires portent l'uniforme, ils n'en gardent pas moins leur identité.

• Bien que les militaires apprennent l'art de la guerre, ils sont avant tout les gardiens de la paix.

• Bien que les enseignants m'embêtent, je vais au lycée

• Bien que les enseignants pensent à eux plutôt qu'à leurs élèves, ce ne sont pas toujours de mauvais profs.

• Bien que les célibataires ne soient pas mariés, il leur arrive pourtant de s'ennuyer

• Bien que les célibataires n'aient pas encore trouvé l'amour de leur vie, ils ne désespèrent pas.

• Bien que Dieu n'existe pas, certains y croient/n'apparaisse aux hommes que fugitivement, il règne sur leur vie.

• Bien que les Français ne soient pas malheureux, ils ne sont jamais contents

• Bien que les Français soient individualistes, ils arrivent quand même à vivre en communauté.

• Bien que les hommes soient le premier brouillon de Dieu, ils ne sont pas si mal réussis.

• Bien que les immigrés se sentent parfois rejetés, ils ne le sont pas vraiment

• Bien que les immigrés ne soient pas dans leur pays d'origine, ils se comportent parfois comme s ils y étaient.

PAGE 237

A

2. Cette voiture bien qu'elle soit puissante, consomme peu. **3.** Cet enfant ne grandit pas bien qu'il ait un appétit normal. **4.** Je sais ce qu'elle pense bien qu'elle ne dise rien. **5.** Elle a plongé dans l'eau bien qu'elle ne sache pas nager. **6.** Bien que vous rouliez vite, on se sent en sécurité avec vous. **7.** J'ai acheté/ je vais acheter un portable bien que je n'en aie pas vraiment besoin. **8.** J'aimerais faire un partie d'échec bien que vous soyez plus fort que moi. **9.** Bien que vous ayez souvent raison, vous pouvez vous tromper /vous pouvez vous être trompé. **10.** Bien que je craigne de ne pas dormir, je vais tout de même prendre un café. **11.** Il va renouveler sa demande de visa bien qu'il ait peu de chances de l'obtenir.

B

2. Il a avoué le crime bien qu'il ne l'ait pas commis. **3.** Les chevaux se sont échappés bien qu'on les ait attachés. **4.** Il n'a pas voulu cesser de travailler bien que son médecin l'ait incité à le faire. **5.** Bien que la cachette ait été bonne, les bijoux ont rapidement été trouvés. **6.** Certains passants ne veulent pas témoigner bien qu'ils aient été témoins d'une scène. **7.** Bien qu'il ait forci, il reste svelte et vif. **8.** Bien que nous nous soyons rencontrés plusieurs fois, nous ne nous connaissons pas bien. **9.** Bien que nous soyons arrivés une heure en avance, nous étions au dernier rang. **10.** Bien qu'elle ait prié toute sa vie, ses vœux n'ont jamais été exaucés. **11.** Bien qu'elle ait peu voyagé, elle connaît tout sur de très nombreux pays.

C
Adjectif ou participe passé

Bien que puissante, cette voiture consomme peu.

Bien qu'attachés, les chevaux se sont échappés.

Bien que bien cachés, les bijoux ont été retrouvés rapidement.

Bien que témoins de la scène, certains passants n'ont pas voulu témoignés.

Participe présent

Bien qu'ayant forci, il est resté svelte et vif.

Bien qu'ayant peu voyagé, il connaît tout sur de nombreux pays.

Bien qu'ayant prié toute sa vie, ses vœux n'ont jamais été exaucés.

Bien que s'étant rencontrés plusieurs fois, ils ne se connaissent pas bien.

Bien qu'ayant avoué son crime, il ne l'a pas commis.

Bien qu'ayant un appétit normal, cet enfant ne grandit pas.

Bien qu'ayant renouvelé sa demande, il a peu de chance de l'obtenir.

Bien que craignant de ne pas dormir, j'ai pris un café.

PAGE 238

A

1. malgré ta barbe. 2. malgré les apparences. 3. pourtant, je ne suis pas resté longtemps au soleil. 4. elle m'a puni quand même. 5. j'ai quand même envie … malgré les critiques. Malgré les critiques. 6. Bien sûr on sort quand même, on sort quel que soit le temps 7. il n'empêche que c'est toujours plein. 8. il n'empêche qu'à la maison c'est elle qui dirige tout.

B

☐ malgré … ☐ malgré … ☐ cependant … malgré … ☐ mais … cependant … ☐ bien que …

PAGE 239

A

1. Bien sûr que c'est possible d'aimer une région même si son climat est rude !

2. En ce qui me concerne, ça me parait

impossible de passer une soirée agréable avec une rage de dents.

3. Rouler à 180 km heures malgré une limitation de vitesse, c'est évidemment dangereux, déconseillé et risqué.

4. Est-ce qu'il est possible de se faire comprendre malgré un fort accent étranger ? c'est mon cas en anglais.

5. Trouver la vie belle même si on est fauché, … vous voulez savoir si je trouve ça possible ?

6. Est-ce qu'on peut se considérer comme chrétien et ne pas pratiquer ? c'est ce que vous voulez savoir ? oui bien sûr ! croire et pratiquer, c'est différent.

7. C'est un comportement masochiste, à déconseiller vivement.

8. Pour moi c'est incohérent.

9. Ah non, ça c'est impossible pour moi !

10. Ça arrive souvent, et à beaucoup de gens.

PAGE 240

A

Ceci peut être dit à propos :

1. d'employés de banque lors d'une attaque à main armée. 2. de journalistes qui n'ont pas pu pénétrer chez une star. 3. d'une jeune fille qui n'a pas voulu se marier. 4. d'une centenaire encore alerte. 5. d'un homme politique impliqué dans une affaire de mœurs. 6. de la vente d'une Rolls Royce à un riche homme d'affaires. 7. d'un homme qui a trouvé un trésor. 8. d'un spectacle d'amateurs raté. 9. d'un couple qui a une grande différence d'âge. 10. d'une esthéticienne qui a dit à une cliente qu'elle ne pouvait rien pour elle. 11. d'un médiateur qui a échoué dans sa mission de conciliation. 12. d'un directeur séquestré qui a signé sous la menace.

B

1. malgré ses promesses. 2. malgré les pressions. 3. malgré les risques (que j'encours). 4. malgré leurs efforts. 5. malgré les apparences. 6. malgré la réaction du public. 7. malgré la limitation de vitesse. 8. malgré l'avis favorable de la municipalité. 9. malgré

mon insistance. **10.** malgré des recherches actives.

PAGE 241

A

1. Il est pourtant gentil. Je ne comprends pas pourquoi tu l'aimes pas. **2.** Je ne le suis pas, pourtant. J'ai des ennuis. **3.** Tu étais content pourtant, et tu avais travaillé. **4.** Pourtant tu n'étais pas contente de toi en sortant ! **5.** Elle a pourtant l'air tout à fait normale ! **6.** Ça marche pourtant ! **7.** Pourtant, les enquêteurs n'ont pas ménagé leurs efforts ! **8.** Je t'avais pourtant demandé d'être à l'heure.

B

1. Je t'avais pourtant mis en garde. **2.** Vous saviez pourtant que j'étais contre. **3.** Je vous avais pourtant recommandé d'attendre. **4.** Vous m'aviez pourtant assuré de votre discrétion. **5.** Vous m'aviez pourtant donné votre accord de principe. **6.** Je t'avais pourtant demandé d'intervenir auprès de ton cousin. **7.** Nous ne nous étions pourtant pas concertés. **8.** On ne s'était pourtant pas vus depuis longtemps.

PAGE 242

B

3. En effet mais de vin, pas d'alcool fort. **4.** En effet, comme partout, mais leur nombre est encore relativement important. **5.** Certes, cependant on divorce moins en France que dans d'autres pays. **6.** Se disent catholiques, oui, mais en fait un faible pourcentage de Français pratique régulièrement. **7.** Les jeunes l'acceptent mieux c'est vrai mais, même chez les jeunes, les réticences restent fortes.

C

1. Les recherches sur les causes génétiques de l'obésité avancent mais le sort des malades obèses n'est pas résolu pour autant. **2.** Si quelqu'un passe sa vie à l'étranger, il n'oublie pas sa terre natale pour autant. **3.** Si les communications se développent et si l'économie se mondialise, la planète n'est pas pour autant devenu un village.

4. Les langues régionales sont moins parlées qu'elles ne l'étaient il y a cinquante ans. Toutefois elles n'ont pas encore disparu. **5.** Même si l'Éducation nationale recrute moins qu'elle ne recrutait dans les années 90, le métier d'enseignant a encore de l'avenir. Toutefois, lorsque le marché de l'emploi est incertain, ce métier attire de nombreux candidats et la concurrence est rude.

PAGE 243

A

1. Je sortirai quand même ! **2.** On joue quand même. **3.** Essayons quand même. **4.** Passe quand même. **5.** Probablement mais je compte lui demander quand même. **6.** Il faut quand même que vous le receviez, c'est important. **7.** Finis quand même ton assiette.

B

2. Les acteurs ont décidé de jouer leur pièce malgré le petit nombre de spectateurs. **3.** Ils vont tenter de faire adopter le projet bien qu'ils sachent que ce sera difficile / qu'il y ait peu de chance pour qu'il soit adopté. **4.** Les fuyards ont décidé de passer malgré le barrage de police. **5.** L'employé a l'intention de demander une augmentation bien qu'il ait peu de chances de l'obtenir. **6.** Le directeur devra recevoir le visiteur de marque malgré son manque d'enthousiasme. **7.** La mère a obligé son enfant à finir son assiette malgré ses pleurs.

C

1. mais nous l'avons quand même entendu / nous l'avons entendu quand même **2.** je l'ai quand même pris / je l'ai pris quand même. **3.** mais je la fais réparer quand même / je la fais quand même réparer. **4.** je compte la regarder quand même / je compte quand même la regarder. **5.** mais il a quand même voulu le faire / il a voulu le faire quand même. **6.** mais il faut quand même leur téléphoner / il faut leur téléphoner quand même. **7.** mais ça m'a quand même fait du bien / ça m'a fait du bien quand même. **8.** elle a quand même continué à jouer / elle a continué à jouer quand même.

PAGE 245

A

1. Malgré son grand âge, elle n'a pas une seule ride. **2.** Bien que nous habitions près d'un étang, il n'y a pas de moustiques. **3.** Il fait nuit, pourtant on voit comme en plein jour. **4.** Bien que ma valise pèse plus de 30 kg, je n'ai pas payé de supplément. **5.** Je ne partage pas les idées de mon adversaire politique, j'ai cependant de l'estime pour lui. **6.** Il est triste mais il rit quand même. **7.** Malgré de fortes pluies, la terre est à peine humide. **8.** Ils roulent en décapotable malgré la pluie. **9.** Cet enfant est terrible, pourtant il a l'air d'un ange. **10.** Bien que nous ayons tous insisté, elle a refusé de sortir. **11.** Nous ne sommes pas invités mais nous irons quand même. **12.** Malgré nos recommandations, elle ne s'est pas soignée. **13.** Bien que je n'aie pas composté mon billet, je n'ai pas payé d'amende. **14.** Nos parents nous ont interdit de regarder la télévision mais nous l'avons regardée quand même. **15.** Bien que ça fasse faire un détour, je prends la petite route. **16.** Elle est très critique envers la télévision, mais elle la regarde quand même. **17.** Nous trouverons la solution même s'il faut y passer la nuit. **18.** Quand bien même le ciel se dégagerait, il ne fera pas très chaud.

PAGE 246

A

Exemples de réponses

1. Même si ce n'est pas raisonnable, quand je commence une plaque de chocolat, je la finis. **2.** Les pêcheurs sortent même s'il fait mauvais. **3.** Même si on se dépêche, on ne pourra pas le rattraper. **4.** Je ne te le dirais pas, même si je le savais. **5.** Même si ça coûtait deux fois plus cher, il y aurait toujours des gens pour acheter des cigarettes. **6.** Allez je me garerais ici juste deux minutes même si c'était interdit. **7.** Je n'aurais pas réussi, même si j'avais travaillé davantage. Le niveau est trop haut pour moi. **8.** Même si vous étiez arrivés plus tôt, vous ne l'auriez pas vu. Il est parti plus tôt que prévu. **9.** Même si on lui avait refusé un visa, il serait rentré clandestinement dans ce pays. **10.** Même si on avait voté contre le projet, il aurait obtenu la majorité des voix.

B

1. Quoi qu'il advienne, tu pourras compter sur moi, même si tu as de gros ennuis. **2.** Quoi qu'on fasse, on ne le convaincra pas, même si nos arguments sont excellents. **3.** Quoi que vous disiez, je vous appuierai, même si je ne suis pas tout à fait d'accord. **4.** Quoi que vous ayez fait par le passé, ça ne m'importe pas. Le passé est le passé. **5.** Qu'il soit d'accord ou non, ça ne m'empêchera pas de dire ce que j'ai à dire. **6.** Que ça plaise ou non à mes parents, je me marie. **7.** Où qu'il aille, la police le retrouvera, même au bout du monde. **8.** Où que je sois et quelle que soit l'heure, n'hésitez pas à m'appeler sur mon portable. **9.** Quel que soit le conseil que tu lui donneras, il ne le suivra pas, même s'il sait que c'est un bon conseil. **10.** Quelle que soit la solution adoptée, il faut qu'elle soit appliquée rapidement. **11.** Quels que soient vos ennuis, gardez le sourire. **12.** Quelles que soient les conséquences de ma décision, je les assumerai.

C

1. Quoi qu'il dise, quelle que soit sa réaction ma décision est prise ; on ne me fera pas changer d'avis. **2.** Quels que soient les avantages financiers que les entreprises reçoivent lorsqu'elles accueillent des jeunes, elles ne le font pas toujours très volontiers. **3.** Je ne peux rien vous dire quelle que soit l'envie que j'ai de partager ce lourd secret. **4.** Quelles que soient les pressions dont le député a été l'objet, il a refusé d'aller à l'encontre de sa conviction.

PAGE 247

A

« je préfère peindre des humains plutôt que des cathédrales même si ce sont les bâtiments les plus majestueux ou les plus importants qui soient …»

B

• Aucun peintre contemporain, même très doué, n'arrive à la cheville de Picasso.

• Aucune femme, même si elle est merveilleuse, n'est comparable à ma mère.

• Aucune drogue, même si elle est très dangereuse, n'est un aussi grand fléau social que l'alcool.

• Aucun coffre-fort, même s'il est résistant et sophistiqué, ne résiste à un pied de biche.

• Aucun somnifère, même très puissant, ne peut endormir quelqu'un qui ne veut pas dormir.

• Tous les textes, même très difficiles, peuvent être traduits.

• Il n'y a pas de prison, même si elle est bien gardée, dont on ne puisse s'échapper.

C

1. Même si on le lui interdisait … **2.** Même si tu me suppliais à genoux … **3.** Même si je l'avais su plus tôt … **4.** Même si tu disais oui maintenant … **5.** Même s'il était libéré …

PAGE 248

ANGLAIS

La prononciation s'améliore! Il reste néanmoins beaucoup à faire s'il veut se faire comprendre en Angleterre cet été

ARTS GRAPHIQUES

En dépit d'un vif intérêt pour le dessin, Edmond a du mal à maîtriser sa technique

ÉDUCATION PHYSIQUE

Certes Edmond est rapide mais ses performances pourraient être encore bien meilleures

ESPAGNOL

Alors qu'Edmond était démotivé le trimestre dernier il semble s'intéresser maintenant au cours. Cependant sa participation orale n'est pas encore très active. Son accent est pourtant bon.

FRANÇAIS

Frémissement de progrès bien que la dernière note de rédaction soit médiocre

HISTOIRE/GÉOGRAPHIE

Edmond rêve souvent pendant les cours; il semble cependant que ses résultats soient en progrès. Il semble définitivement fâché avec les dates.

INSTRUCTION CIVIQUE

Au lieu de bavarder, Edmond ferait mieux de réfléchir sur le respect des autres.

MATHÉMATIQUES

Malgré un léger mieux les notes restent nettement en dessous de la moyenne. Edmond a pourtant l'esprit logique qui devrait lui permettre de réussir.

PHYSIQUE /CHIMIE

On note une amélioration sensible. Toutefois il faudrait qu'Edmond participe un plus activement aux T.P.

SCIENCES DE LA VIE

Quoique visiblement intéressé et motivé par la biologie, Edmond a du mal à fixer longtemps son attention

TECHNOLOGIE

Efforts louables mais décidément Edmond n'est pas un manuel.

APPRECIATION GENERALE

Avec des hauts et des bas, le trimestre se termine quand même sur une note positive..

Table des matières

Dans la collection
FRANÇAIS LANGUE ÉTRANGÈRE

FRANCAIS GÉNÉRAL

Niveau 1

LA GRAMMAIRE AUTREMENT
M.-L. Chalaron, R. Roesc
Sensibilisation et pratique
■ Manuel – Avec corrigé des exercices –
138 pages

PRÉSENT, PASSÉ, FUTUR
D. Abry, M.-L. Chalaron, J. Van Eibergen
Grammaire des premiers temps
■ Manuel – Avec corrigé des exercices –
88 pages

LA GRAMMAIRE DES PREMIERS TEMPS
D.Abry, M .-L. Chalaron
Volume 1 – Niveau débutant
■ Manuel – 260 pages
■ Corrigé des exercices – Avec la transcription
des textes de la cassette – 32 pages
■ Cassette – 90 min

Niveau 2 et 3

L'EXERCISIER
C. Descotes-Genon, M.-H. Morsel,
C. Richou
*Exercices de grammaire
pour le niveau intermédiaire*
■ Manuel – 336 pages
■ Corrigé des exercices – 80 pages

Niveau 4

L'EXPRESSION FRANÇAISE *écrite et orale*
Ch. Abbadie, B. Chovelon, M.-H. Morsel
■ Manuel – 200 pages
■ Corrigé des exercices – 52 pages

FRANCAIS DE SPÉCIALITÉ

Niveau 2 et 3

LA MESSAGERIE
C. Descotes-Genon, R. Rolle-Harold,
E. Szilagyi
*Pratique de la négociation commerciale
en français*
■ Manuel – 160 pages
■ Corrigé des exercices – 32 pages
■ Cassette – 60 min

AFFAIRES À FAIRE
E. Szilagyi
*Pratique de la négociation d'affaires
en français*
■ Manuel – 160 pages
■ Corrigé des exercices – 32 pages

LES COMBINES DU TÉLÉPHONE
J. Lamoureux
*Pratique de la communication téléphonique
en français*
■ Manuel – Avec la transcription des textes
complémentaires de la cassette –
90 pages
■ Cassette – 60 min

LA VOYAGERIE
Descotes-Genon, S. Eurin, R. Rolle-Harold,
E. Szilagyi
Pratique du français du tourisme
■ Manuel – 240 pages
■ Corrigé des exercices – 64 pages
■ Cassette – 90 min

SERVICE COMPRIS
C. Descotes-Genon, E. Szilagyi
*Pratique du français de l'hôtellerie,
de la restauration et de la cuisine*
■ Manuel – 230 pages
■ Guide pédagogique et corrigé des exercices –
64 pages
■ Cassette – 120 min

Achevé d'imprimer sur les presses de HORIZON GROUPE
Parc d'activités de la plaine de Jouques 200, avenue de Coulin 13420 Gémenos